Claudia Steiner

Aromakosmetik

Claudia Steiner wurde am 21. Dezember 1958 in Waldsassen in der Oberpfalz, nahe der tschechischen Grenze, geboren.

Nach dem Besuch des Gymnasiums, das sie mit der Mittleren Reife abschloß, studierte sie an der Fachakademie für Sozialpädagogik in Eichstätt den Erzieherinnen-Beruf.

Von 1980 bis 1987 arbeitete sie zuerst im Kindergarten in ihrer Heimatstadt und dann in einem Heim für milieugeschädigte Jugendliche in München. Von 1986 bis 1990 studierte sie Sozialwesen mit dem Schwerpunkt Erwachsenenbildung an der Stiftungs-Fachhochschule in München. Während dieser Zeit lernte sie, bei Aushilfstätigkeiten im Naturkostgeschäft, die ätherischen Öle kennen. 1988 eröffnete sie, zusammen mit einer Kollegin, ein Geschäft für Naturkosmetik und ätherische Öle und machte nach Abschluß des Studiums eine Ausbildung zur Kosmetikerin.

Sie ließ sich von namhaften Aromatherapeuten ausbilden und setzte ihre Studien im Bereich der Naturkosmetik und Naturheilverfahren fort.

Seit 1995 gibt sie ihr Wissen über Aromakosmetik als Seminarleiterin der Firma Primavera Life GmbH in Schulungen weiter.

edition cosmetics

Claudia Steiner

Aroma-kosmetik

Hippokrates

Die Deutsche Bibliothek – CIP-Einheitsaufnahme:

Steiner, Claudia:
Aromakosmetik / Claudia Steiner – Stuttgart : Hippokrates, 1999
(Edition Cosmetics)
ISBN 3-7773-1308-4

Anschrift der Verfasserin:

Claudia Steiner
Weißenburger Straße 12/II
81667 München

Wichtiger Hinweis:
Wie jede Wissenschaft ist die Medizin ständigen Entwicklungen unterworfen. Forschung und klinische Erfahrung erweitern unsere Erkenntnisse, insbesondere was die Therapie anbelangt. Soweit in diesem Werk eine Applikation erwähnt wird, darf der Leser zwar darauf vertrauen, daß Autoren, Herausgeber und Verlag große Sorgfalt darauf verwandt haben, daß diese Angabe dem Wissensstand bei Fertigstellung des Werkes entspricht.
Für Angaben über Applikationsformen kann vom Verlag jedoch keine Gewähr übernommen werden. Jeder Benutzer ist angehalten, durch sorgfältige Prüfung und gegebenenfalls nach Konsultation eines Spezialisten festzustellen, ob die dort gegebene Empfehlung oder die Beachtung von Kontraindikationen gegenüber der Angabe in diesem Buch abweicht. Jede Applikation erfolgt auf eigene Gefahr des Benutzers. Autoren und Verlag appellieren an jeden Benutzer, ihm etwa auffallende Ungenauigkeiten dem Verlag mitzuteilen.
Geschützte Warennamen (Warenzeichen) werden nicht besonders kenntlich gemacht. Aus dem Fehlen eines solchen Hinweises kann also nicht geschlossen werden, daß es sich um einen freien Warennamen handele.

ISBN 3-7773-1308-4

Printed in Germany 1999
Titelbild: Image Bank, Frankfurt
Satz und Reproduktion: Fotosatz Sauter GmbH, Donzdorf
Druck: Druckhaus Götz, Ludwigsburg

Sie lesen . . .

. . . Seite 5

Sie erfahren, wie ätherische Öle auf Körper und Seele wirken und warum Düfte uns viel mehr beeinflussen, als wir bewusst wahrnehmen. Auch wie ätherische Öle gewonnen werden lesen Sie. Ausführliche Porträts der für Schönheit und Entspannung wichtigsten Essenzen. Trägeröle und Hydrolate schließen sich an.

. . . Seite 38

Es wird richtig praktisch. Lesen Sie, was Sie beim Einkauf Ihrer aromakosmetischen Ausstattung bedenken sollten, und was es bei der praktischen Anwendung zu beachten gilt. Wie Sie für jeden Hauttyp und für jede Persönlichkeit die richtigen ätherischen Öle auswählen, wird danach beschrieben. Rezepte und viele praktische Tipps (auch für spezielle Hautprobleme) folgen.

. . . Seite 93

Sie finden beschrieben, wie Sie eine ganzheitliche Aromabehandlung am besten aufbauen, und lernen Schritt für Schritt und anhand vieler Fotos den Ablauf einer Aromamassage kennen.
Das Buch schließt ab mit einem Bezugsquellennachweis und einer Liste weiterführender Literatur.

Und zum besseren Eingewöhnen haben wir es in der neuen Rechtschreibung gesetzt.

Inhalt

Die Grundlagen

Die Pflanzen

Die Praxis

Liebe Leserin und lieber Leser,

als ich vor über zehn Jahren ätherische Öle kennen lernte, war ich sofort von ihnen begeistert. Ich stand am Anfang einer neuen persönlichen Entwicklung, war dabei, meinem bisherigen Beruf, der sozialpädagogischen und erzieherischen Arbeit, den Rücken zu kehren und wollte mich, gezeichnet vom Burnout-Syndrom, fortan nur noch den schönen Dingen des Lebens widmen.

Die Aromatherapie und **Aromakultur** nahmen in Deutschland gerade ihren Anfang. Nur wenige Lehrerinnen und Lehrer referierten zu diesem Thema; meist waren es Heilpraktiker, die sich damit befassten, und ich reihte mich in die Schar derer ein, die begierig danach waren, hinter das Geheimnis dieser »Geister in der Flasche« zu kommen.

Zusammen mit einer früheren Kollegin, mit der ich meine Begeisterung teilte, eröffnete ich wenig später ein Geschäft für tierversuchsfreie Naturkosmetik und ätherische Öle. Nachdem ich mich zur Fachkosmetikerin hatte ausbilden lassen, begann ich, mit den Aromen in der Kosmetikpraxis zu experimentieren, sammelte Wissen und entwickelte meine eigene **ganzheitliche Aromabehandlung**.

Mein größtes Interesse galt schon immer der Psychologie. So sehe ich eine große Herausforderung darin, auf die psychischen Konstitutionen der Menschen, die in die Kosmetikpraxis kommen, ebenso Rücksicht zu nehmen wie auf die Beschaffenheit ihrer Haut: Ist jemand ausgeglichen und entspannt oder nervös und unruhig oder niedergeschlagen oder absolut abgearbeitet? Die ätherischen Öle waren und sind für mich dabei immer die Mittel, die **beide Aspekte**, Hautzustand und psychische Befindlichkeit, positiv zu beeinflussen verstehen.

So machte ich mich daran, mein Wissen über naturheilkundliche Verfahren zu erweitern und entdeckte für mich die Traditionelle Chinesische Medizin und asiatisch orientierte Massagetechniken.

Ich arbeite nun, intensivst und erfolgreich, wie ich meine, seit 1990 in der Kosmetikpraxis mit den ätherischen Ölen. Seit 1995 gebe ich mein Wissen in Spezialseminaren weiter.

Wahre Schönheit kommt von innen und ist der Ausdruck des harmonischen Zusammenspiels von Körper, Seele und Geist.

Ich hoffe, mit diesem Buch in Ihnen, verehrte Leserinnen und Leser, die Liebe und Begeisterung für die Aromen zu wecken, die wir benötigen, um den Menschen, die sich uns anvertrauen, damit Gutes zu tun.

Sie werden in der Auseinandersetzung mit den Aromen feststellen, dass Sie nur diejenigen für ihre Arbeit benutzen werden, zu denen Sie selber einen Zugang gefunden haben.

Ätherische Öle wollen sensibel aufgespürt und erfahren werden. Wenn wir uns mit ihnen auf unsere ganz persönliche Entdeckungsreise begeben, sammeln wir die Erfahrungen über sie, die wir brauchen, um erfolgreich mit ihnen arbeiten zu können.

An zwei Beispielen aus meiner Kosmetikpraxis möchte ich Ihnen zeigen, wie erfolgreich wir ätherische Öle einsetzen können.

Das Problem von Frau P.: fahle, vorgealterte Haut

Frau P. war 58 Jahre alt, als sie das erste Mal in meine Kosmetikpraxis kam. Während sie bei der Begrüßung einen **nervösen**, hektischen Eindruck machte, zeigte sie sich in der Behandlung allerdings absolut ruhig und entspannt.

Ihr **Hautbild** entsprach keineswegs ihrem biologischen Alter, ich schätzte Frau P. auf Mitte 60. Die Haut war fahl, spröde und atrophisch. Muskulatur und Bindegewebe waren wenig gespannt, zwischen Haut und Knochengerüst bestand quasi keine Verbindung. Sie klagte über Ekzeme, vor allem auf Kopfhaut und Stirn.

Balsam für vorgealterte Haut: Orangenblüte stärkt den Hauttonus. Gleichzeitig vertreibt diese Essenz den Stress und schenkt Gelassenheit.

Im **Erstgespräch** konzentrierte ich mich nur auf den Hautzustand, ließ den Eindruck, den sie von ihrer psychischen Verfassung her auf mich machte, unerwähnt, aber nicht unberücksichtigt. Die **Anamnese** ergab, dass sie unter Klimakteriumsbeschwerden litt, die sie keinesfalls durch Hormongaben positiv beeinflussen wollte. Seither habe sich ihre Haut verändert, sei trocken und faltig. Starker Kaffeegenuss, vor allem am Morgen, helfe ihr, den schwachen Kreislauf anzuregen. Sie versorge ihre beiden kleinen Enkel, da ihre Schwiegertochter berufstätig sei. Außerdem pflege sie ihren kranken Vater. Sie war sehr mitteilungsbedürftig. **Pflegeprodukte** kaufte Frau P. in der Apotheke. Sie nahm »irgendeine« Fettcreme wegen der fast unerträglichen Hautspannung und reinigte die Haut nur mit Wasser.

Mein **Ziel** für die Erstbehandlung war es, den Lipidgehalt in der Haut zu erhöhen, Frau P. zur Entspannung zu verhelfen und ihr eine ihren Bedürfnissen entsprechende Heimpflege zu empfehlen. Wegen der Neigung zu Ekzemen und einer allgemeinen Empfindlichkeit, die nervös bedingt war, wählte ich sehr milde Produkte mit geringer Wirkstoffkonzentration.

Der zentrale Wirkstoff in dieser Behandlung sollte die **Orangenblüte** sein. Das Hydrolat und das ätherische Öl aus dieser Pflanze erfüllen den Anspruch an entspannende, nervenberuhigende Wirksamkeit auf die Psyche, gekoppelt mit anregender, kräftigender Wirkung auf den Hauttonus.

Ich wählte als **Hautkur** (Ampulle) das stark beruhigende Kameliensamenöl und für die **Aromamassage** eine Mischung aus 2 Teilen Avocadoöl und 1 Teil Jojobawachs, angereichert mit einer 2 %igen Mischung aus Bergamotteöl, Neroliöl (Orangenblüte) und Rosenholzöl.

Für die **Heimpflege** gab ich Frau P. ein mildes Reinigungsöl, Orangenblüten-Hydrolat als Gesichtswasser und genannte Mischung für zu Hause, allerdings nur in 0,5 %iger Dosierung. Die Kameliensamenöl-Kapseln erhielt sie als Kur für die Nacht, in Verbindung mit der Pflegeölmischung.

Als Frau P. nach 4 Wochen zur **Folgebehandlung** erschien, war ihr Hauttonus sichtlich gestärkt. Nachdem sie so Vertrauen in die Kraft der Aromen gewonnen hatte, konnten wir nach und nach ihren Problemen auf die Spur kommen. Die ätherischen Öle sind ihr wichtige Helferinnen bei der teilweisen Erleichterung ihrer Lebensumstände geworden.

Frau K.: unglücklich über unreine, feuchtigkeitsarme Haut

Frau K. kommt seit ungefähr drei Jahren regelmäßig, alle vier Wochen, in meine Kosmetikpraxis. Sie ist 36 Jahre alt, verheiratet, erzieht eine 14jährige Tochter und ist von Beruf Krankenschwester. Vor vier Jahren begann sie ein Studium, seither leistet sie fast ausschließlich Nachtdienste im Krankenhaus. Die **Mehrfachbelastung** durch Haushalt, Familie, Beruf und Studium war ihr anzusehen.

Die **Haut** von Frau K. präsentierte sich in keinem besonders guten Zustand, als sie das erste Mal zur Behandlung erschien: feuchtigkeitsarm, sehr stark verhornt, atrophisch. Vor allem auf der Stirn, an den Wangen und um den Mund befanden sich tiefe Komedonen, die sich allzu leicht entzündeten sowie Milien im Jochbein-Bereich.

Frau K. ernährt sich vegetarisch, ergänzt durch Fisch und Milchprodukte. Vor ihrer Ernährungsumstellung sei das Befinden der Haut noch schlechter gewesen, sagte sie bei der Anamnese. Sie benützte **Pflegeprodukte** für die Akne-Haut, was meines Erachtens zu der starken Austrocknung der Epidermis beitrug.

Frau K. kam auf Empfehlung zu mir. Sie hatte von der aromakosmetischen Behandlungsweise durch eine Arbeitskollegin erfahren und versprach sich davon Erfolge für die Gesundung ihrer Haut. Sie war zur Mitarbeit absolut motiviert. Wir besprachen nach jeder Behandlung die **Zielsetzung** für die jeweils kommenden vier Wochen bis zur nächsten Behandlung.

Der **1. Schritt** sollte sein, den Fett- und Feuchtigkeitsgehalt der Haut wieder ins Lot zu bringen. Der **2. Schritt**, die Entzündungsherde auf Dauer still zu legen und der **3. Schritt**, die Haut im Gleichgewicht zu halten und ihr beim Aufbau neuen Gewebes zu helfen. Ich bereitete Frau K. darauf vor, dass viel Geduld nötig sei für den Gesundungsprozess, der sicher Monate in Anspruch nehmen würde, und auf die Möglichkeit einer Erstverschlimmerung.

Der **zentrale Wirkstoff** sollte die Cistrosen-Essenz sein, **begleitet** von den ätherischen Ölen aus Bergamotte, Zedernholz und Ylang-Ylang. Diese ätherischen Öle bildeten die Grundlage für die Behandlungen **im Institut** und die Pflege **zu Hause**.

Wirksame Hilfe für unreine, verhornte und feuchtigkeitsarme Haut: die Kombination aus Cistrose, Bergamotte, Zedernholz und Ylang-Ylang.

Ich empfahl Frau K. dieselben Aromen auch für **Entspannungsbäder** und entspannende **Fußmassagen** und riet ihr dringend zu Atemübungen, um dadurch Stress auszugleichen.

Frau K. reinigte nur mit emulgiertem Olivenöl und Myrtenwasser. Sie betupfte die ersten 12 Tage die entzündeten Stellen mit Cistrosenöl pur, danach mit einer 10%igen Mischung in Rosa-mosqueta-Öl, 14 Tage lang. Die übrige Gesichtshaut bekam nur Rosa-mosqueta-Öl. Außerdem stimulierte sie den Hautstoffwechsel mit Heilerdemasken, die sie 3mal pro Woche auflegte, angerührt mit Myrtenwasser und Sesam-Öl, anschließend beruhigte und befeuchtete sie die Haut mit Aloe-vera-Gel. Frau K. trank zusätzlich Immortellen-Tee zur Blutreinigung. Die erwartete Erstverschlimmerung trat ein.

Für die nächsten vier Wochen bereitete ich Frau K. ein Pflegeöl aus 50% Aprikosenkernöl, 30% Nachtkerzenöl und 20% Jojobawachs mit 15 Tropfen Zedernholz, 6 Tropfen Cistrose, 9 Tropfen Ylang-Ylang und 30 Tropfen Bergamotte (3%). Nach dieser Zeit bekam sie dasselbe Pflegeöl in 1%iger Verdünnung.

Das Hautbild besserte sich deutlich nach vier Monaten. Wir begannen mit einem »normalen« Pflegeprogramm für Mischhaut mit trockener Tendenz. Heute hat Frau K. ein klares Hautbild, das nur auf den zweiten Blick ein noch nicht vollständig regeneriertes Gewebe erkennen lässt.

Die Aromakosmetik holt sich ihr Wissen von der Aromatherapie, **ohne** einen **therapeutischen** Anspruch zu haben. Ihr einziges Bestreben ist die Förderung von Wohlbefinden und Schönheit.

Die **Forschung** liefert uns heute bereits viel Wissen dazu, waren doch die Aromen bis vor ca. 15 Jahren in Deutschland vollkommen in Vergessenheit geraten. Vieles aber bleibt noch nicht wissenschaftlich bestätigtes **Erfahrungswissen,** vor allem was die ganzheitliche Kosmetik betrifft.

In welchen Bereichen profitieren wir von der Forschung? Sie liefert uns Erkenntnisse über

- die medizinischen Eigenschaften der ätherischen Öle,
- die Geruchswahrnehmung und den Geruchssinn,
- die psychologische Wirkung von ätherischen Ölen,
- die Haut, ihre Durchlässigkeit und die Bedeutung des Tastsinns,
- die therapeutische Wirkung der Massage,
- toxikologische und chemische Tests (v. a. aus der Parfüm- und Nahrungsmittelindustrie).

Neben all diesen wissenschaftlichen, nützlichen Untersuchungsergebnissen, die wichtig sind für unsere Arbeit, bleiben die Düfte doch ein Geheimnis, dem jeder von uns selbst auf die Spur kommen muss. Ätherische Öle können uns Türen in unserem Inneren öffnen, die wir für immer verschlossen glaubten. **Kommen Sie einfach mit! Gehen wir auf Entdeckungsreise!**

Ihre
Claudia Steiner

Sie erfahren, wie ätherische Öle auf Körper und Seele wirken und warum Düfte uns viel mehr beeinflussen, als wir bewusst wahrnehmen. Auch wie ätherische Öle gewonnen werden. Ausführliche Porträts der für Schönheit und Entspannung wichtigsten Essenzen, Trägeröle und Hydrolate schließen sich an.

Die Grundlagen

Aromakosmetik – Was ist das?

Kosmetik wird abgeleitet vom griechischen Wort »kosmetikos«, zum Schmücken gehörig und bedeutet **Schönheitspflege**. Es ist aber auch verwandt mit dem griechischen Wort »kosmos«: Ordnung und Weltall. **Aroma** bedeutet »würziger Wohlgeruch und Wohlgeschmack«.

Der Begriff **Aromaöle** bezeichnet wohlriechende Substanzen, die aus Pflanzen gewonnen werden: Ätherische Öle oder Essenzen genannt **Aromakosmetik** umschreibt Schönheitspflege mit wohlriechenden (aromatischen) pflanzlichen Essenzen.

Das Anliegen dieser Form kosmetischer Anwendung ist es, die **Ordnung** im menschlichen Individuum zu erhalten oder wiederherzustellen. Dabei geht es **nicht** um ein Aufspüren von Krankheit und eine entsprechende Therapie mit Aromen bzw. ätherischen Ölen, sondern es geht darum, einen **Ausgleich** zu schaffen zu den Anforderungen, die der Alltag stellt.

Aromakosmetik ist ein **Entspannungsprogramm**: Innere Harmonie erzeugen durch das Herbeiführen von Entspannungszuständen. Diese Entspannung, die gleichermaßen auf die Psyche wie auf den Körper wirken kann, hilft uns, unsere Batterien wieder aufzuladen, unser Immunsystem zu stärken und damit unsere Eigenregenerationsmechanismen, auch Selbstheilungskräfte genannt, zu mobilisieren. Aromakosmetik dient der **Krankheitsprophylaxe**. Sie kann uns Hilfe sein, den Ausgleich zu finden, den wir benötigen, um mit Stress positiv umgehen zu können.

Aromakosmetik betrachtet immer den **ganzen Menschen.** »Die Haut als Spiegel der Seele«; »wie innen so außen«; »die Haut als Schutzhülle für das, was im Inneren sich befindet«; »die Haut als Grenzorgan«; »die Haut als Ausdrucksorgan« – noch viele dieser Bilder ließen sich aneinander reihen, um die Funktion zu umschreiben, die die Haut für den Menschen physisch und psychisch übernimmt.

Der Mensch in seiner Ganzheit ist ein Teil des Kosmos, der Weltordnung. Dieser Kosmos ist ein System, das sich selbst reguliert, Veränderungen unterworfen ist. Der Mensch lebt in diesem großen System (Makrokosmos) als eigenes kleines System (Mikrokosmos) und ist ebenfalls in der Lage, sich selbst zu regulieren; er besitzt Mechanismen und Fähigkeiten sowie biologische Konstitutionen, um sich veränderten Bedingungen immer wieder anzupassen. Die Haut übernimmt in diesem Gefüge die Rolle eines unverzichtbaren **Regulativs.**

Aromakosmetik ist Schönheitspflege mit ätherischen Ölen im ganzheitlichen Sinn!

Die Haut ist, **ganzheitlich** gesehen, das **Kontaktorgan zur Außenwelt**. Sie kann innere Disharmonie in Form von bestimmten Hautsymptomen zum Ausdruck bringen, sie ist schön und strahlend, wenn alles im Gleichklang ist.

Schönheit und Wohlbefinden

Diese beiden Begriffe stehen in einem engen Zusammenhang, bedingen sich gegenseitig, unterliegen einer Wechselwirkung. **Schönheit** ist ein Synonym für Herrlichkeit, Stattlichkeit, Anmut und Reiz (Charme). Als **Sinnbild von Schönheit** galt in der griechischen Antike Aphrodite, die Göttin von Schönheit und Liebe, Mutter des Eros, von den Römern der Venus gleichgesetzt. Adonis, ihr Geliebter, ist das männliche Gegenstück an Vollkommenheit und Makellosigkeit.

Die Vorstellung von fast göttlicher Reinheit und doch erotischer Ausstrahlung, vom makellosen Körper, zarter, faltenloser Haut, von ewiger Jugend, aber doch betörender Reife, exponiert sich in den Modejournalen, Frauenmagazinen und männerspezifischen Zeitschriften.

Das **Diktat** von Schönheit nach der Definition der Medien ist oft die Wurzel für Unzufriedenheit mit sich selbst, unsinnigen Schlankheitskuren, Schönheitsoperationen, Klimakteriumsbeschwerden, Magersucht und Bulimie, Midlifecrisis usw. Dabei wäre es so einfach! Ein Mensch kann anmutig sein, obwohl er eine krumme Nase oder Akne im Gesicht hat. Eine Frau oder ein Mann kann für andere reizvoll erscheinen, trotz ein paar Kilo zu viel auf den Hüften. Ein Mensch kann stattlich sein, auch ohne Muskeln zu haben wie Arnold Schwarzenegger oder Rundungen wie Marilyn Monroe. Da unsere **Ausstrahlung** es ist, die uns schön oder nicht schön sein lässt. Sich befreien von Diktaten, ist der richtige Weg zu Schönheit und **Wohlbefinden** als Synonym für Wohlergehen, Gesundheit und Zufriedenheit.

Wir Aromakosmetikerinnen können unseren Kunden dabei helfen, die **richtige Sichtweise** zu erlangen: Sich schön finden trotz »kleiner Mängel«; entspannen, Zufriedenheit finden, an Ausstrahlung gewinnen.

Die **ätherischen Öle** sind kosmetische Wirkstoffe, die nicht nur die Hautfunktionen positiv beeinflussen und uns äußere Schönheit verleihen, sie wirken auch positiv auf unsere psychischen Befindlichkeiten und verhelfen uns zu innerer Schönheit. Die Summe aus beidem ist positive Ausstrahlung, Charme, Charisma. So kommen wir zu dem Fazit:

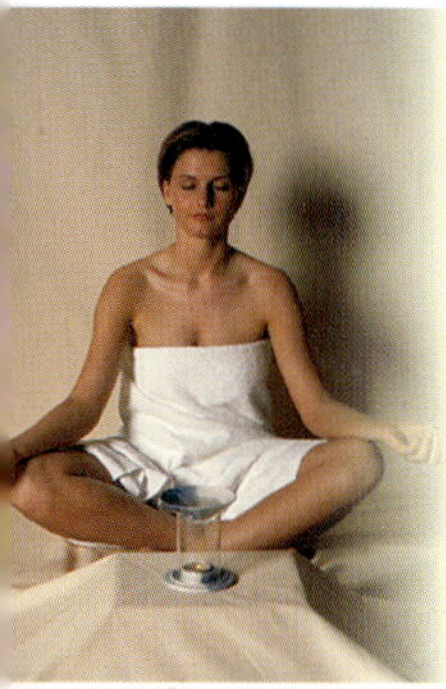

Für Schönheit gibt es keine definierten Richtlinien, sie ist der individuelle Ausdruck von Zufriedenheit und Wohlbefinden.

Schönheitspflege sollte immer den Menschen in seiner Ganzheit berücksichtigen und das harmonische Zusammenspiel von Körper, Seele und Geist zum Ziel haben.

Ätherische Öle sind ganzheitlich wirkende Substanzen. Aromakosmetik ist Ganzheitskosmetik.

Ätherische Öle

Die **Dufterzeuger** der Pflanzen sind ätherische Öle. Sie entstammen bestimmten Stoffwechselvorgängen, der Biosynthese. Ätherische Öle sind natürliche chemische Verbindungen, die im Wesentlichen aus Kohlenwasserstoffen bestehen. Jedes ätherische Öl hat in unterschiedlicher Weise verschiedene Hauptbestandteile sowie Neben- und Spurenkomponenten, die eine synergetische, regulierende Funktion gegenüber dem Hauptwirkstoff einnehmen. Ätherische Öle können wohl mit ihren Hauptwirkstoffen synthetisch nachgebildet werden, aber nie in ihrer Ganzheit. Das macht sie zu einem unvergleichlichen und wertvollen Rohstoff der Natur.

Bei Pflanzen, die duften, sind ätherische Öle in den unterschiedlichsten Pflanzenteilen eingelagert:

- In den **Früchten**, z.B. Zitrone, Wacholderbeere, Tannenzapfen.
- In den **Blättern**, z.B. Melisse, Pfefferminze, Basilikum.
- In den **Samen**, z.B. Karottensamen, Koriander, Moschuskörner.
- In den **Blüten**, z.B. Rose, Neroli, Jasmin, Ylang-Ylang.
- Im **Holz**, z.B. Zeder, Sandelholz, Rosenholz.
- Im **Harz** und **Balsam**, z.B. Weihrauch, Styrax, Benzoe.
- In den **Wurzeln**, z.B. Vetiver, Angelikawurzel, Iriswurzel.

Ätherische Öle werden nach den Aspekten der Parfümindustrie aufgrund ihrer individuellen **Verdunstungsgeschwindigkeit** eingeteilt in:

- Die **Kopfnoten**. Leicht flüchtige Düfte, die sich in den ersten 20 bis 30 Minuten am intensivsten entfalten und nur ca. eine Stunde haften. Dazu gehören vor allem die Agrumenöle (Zitrusfrüchte).
- Die **Herznoten**. Blumige, auch würzige, weiche oder schwere Düfte, die sich erst nach ca. einer Stunde am intensivsten entfalten und bis zu ca. vier Stunden haften. Dazu gehören die Blütenöle, auch die meisten Samen- und Blattöle.
- Die **Basisnoten**. Rauchige, erdige, auch balsamische, süße Düfte, die sich erst nach ca. sechs Stunden am intensivsten entfalten, aber bis zu 24 Stunden haften. Dazu gehören die Hölzer, Harze und Wurzelöle.

Diese Einteilung der ätherischen Öle, nur an der Duftentwicklung orientiert, ist mir als Aromakosmetikerin, der es um ganzheitliche Schönheitspflege geht, allerdings etwas dürftig bemessen.

Orientieren wir uns am naturheilkundlichen Denken der Alchimisten, dann stoßen wir wieder auf eine Einteilung der Duftstoffe, die der ganzheitlichen Sichtweise entspricht: das **Körper-Seele-Geist-Prinzip**.

Wenn wir die ätherischen Öle, aromakosmetisch, nach diesem Prinzip anwenden, haben wir per se eine ganzheitliche, kosmetische Wirkung erzielt.

Die Geschichte der Wohlgerüche und Essenzen

Diese geht mit Sicherheit zurück bis zu den Anfängen des Homo sapiens vor geschätzten 200 000 Jahren, dessen Riechhirn besser entwickelt war als sein Intellekt. Erst als er anfing, aufrecht zu gehen, nahm die Großhirnrinde an Bedeutung zu, und er entwickelte sich vom riechenden, instinktgesteuerten Wesen zum denkenden, vernunftgesteuerten Individuum. Wohlgerüche, vielleicht durch Zufall beim Feuermachen entdeckt, wurden zuerst nur in Form von Räuchermitteln verwendet: zur Reinigung und um die Götter zu versöhnen.

Im fruchtbaren Schwemmland größerer Flüsse entstanden offenbar unabhängig voneinander, ungefähr um die Mitte des 4. Jahrtausends vor Christi Geburt die **ersten Hochkulturen** der Weltgeschichte: am unteren Lauf von Euphrat und Tigris (Mesopotamien), im Tal des Nils, im Industal um Harappa und Mohenjo-Daro (heutiges Pakistan) und am Gelben Fluss um An-yang (China). Die erste Hochkultur auf europäischem Boden entwickelte sich 2500 v. Chr. auf der fruchtbaren Insel Kreta, genannt »minoische Kultur«, nach dem sagenumwobenen König Minos von Knossos.

Charakteristisches Merkmal aller Kulturen bildete die Einrichtung einer Stadt als soziale Form des Zusammenlebens und Maßstab gesellschaftlichen Fortschritts. In ihr entwickelten sich Arbeitsteilung, die Schrift und eine schriftkundige Schicht (gewöhnlich die Priesterschaft), gewaltige öffentliche Bauwerke, politische und religiöse Hierarchien, ein von Göttern hergeleitetes Königtum und schließlich die Reichsbildung.

Archäologische Funde von Aufzeichnungen aus dieser Zeit (Malereien in Höhlen und auf Keramiken, Keilschriften, Hieroglyphen und Schriften auf Papyrus etc.) geben auch Aufschluss über die **Duftkultur** und die **kosmetische Kultur** unserer zivilisierten Vorfahren.

Räucherwerk, duftende Salben und **Kosmetika** waren stets den Göttern, den gottgleichen Herrschern und Herrscherinnen, der Priesterschaft und dem Hofstaat vorbehalten.

Die Staaten, die Duftstoffe benützten, trieben auch regen Handel untereinander. **Weihrauch und Myrrhe** kamen aus den südarabischen Staaten: Belakis, die Königin von Saba, die das heutige Territorium des Jemen um 1000 v. Chr. regierte, hatte das Produktions- und Handelsmonopol für diese begehrten Aromatika inne. **Sandelholz** wurde von Ostindien in die gesamte antike Welt geliefert, Kreta war der Lieferant für bestes **Olivenöl**, **Zedernholz** kam aus Kilikien (heutige Südost-Türkei), **Kampfer** aus China, um an dieser Stelle nur einige zu nennen.

Bei der Beschäftigung mit der **Historie** von Schönheitspflege und Wohlgerüchen fällt auf, dass in der Antike ausnahmslos die gleichen Duftstoffe verwendet wurden: um die Götter gnädig zu stimmen, sich zu reinigen, zu verwöhnen, zu verschönern, zu berauschen, um zu erotisieren oder um zu heilen.

Mesopotamien und antikes Persien

Im Zweistromland, zwischen Euphrat und Tigris gelegen, dem heutigen Irak, wird die Lage des irdischen Paradieses, des **Garten Eden**, vermutet. An diesem Ort waren alle aromatischen Pflanzen zu finden. Hier entstanden um 5000 v. Chr. die ersten Hochkulturen der Babylonier, Assyrer und Sumerer. Archäologische Funde, darunter das älteste Epos der Menschheitsgeschichte, das **Gilgamesch-Epos**, berichten von der Duftkultur dieser Zeit: Zedernholz, Zypresse, Myrte, Styrax, Myrrhe, Kalmuswurzel, Sandelholz, Narde, Weihrauch, Wacholder und Hanf waren die wichtigsten Räucher- und Duftstoffe.

In Mesopotamien gab es spezielle **Parfümbereiterinnen**, die über große Kunstfertigkeit in der Salbenbereitung verfügten. Seit dem 3. Jahrtausend waren die Grundlagen für Salben **Sesamöl**, gewonnen durch Mazeration und Enfleurage, **tierische Fette** für Pomaden sowie **Pflanzensäfte**, gewonnen durch Auspressen. Thymian und Rose fanden bereits zu dieser Zeit große Verwendung.

Ägypten und antikes Arabien

In Ägypten und dem Arabien der Antike war der **Duft des Weihrauchs** ein **Synonym für Götterduft**. Wohlriechende Balsame und Kräuter wurden den Toten stets mit in die Gräber gelegt, um die Götter sanft zu stimmen. Särge waren aus dem als unverweslich geltenden **Zedernholz** gemacht. Das Holz wurde aus dem Libanon, Syrien und Kilikien importiert und außerdem für Rauchopfer, aromatische Zubereitungen, für den Schiffsbau und die Tempelausstattungen verwendet. Daneben kam auch dem **Zypressenholz** große Bedeutung zu.

Am **ägyptischen Hof** wurden alle Ingredienzien für Salben, Parfüm und Schminke in den Weihrauchkammern des Heiligtums aufbewahrt. Die **Basis** für kosmetische Produkte bildeten tierische Fette, Bienenwachs, Sesamöl, Leinöl, Bittermandelöl, Erdnussöl, Lattichöl, Jericho-Balsam (aus Palästina importiert), heimisches Rizinusöl und Olivenöl, das als sehr kostbar galt und aus Syrien, Kreta und Zypern importiert wurde. Olivenöl wurde filtriert und durch Versetzen mit Fichtenspänen, Honigkleeblüten und Iriswurzel haltbar gemacht.

Dekorative Kosmetik war bei Frauen und Männern gleichermaßen beliebt.

Als **Gesichtsmaske** gegen Faltenbildung, Sonnenbrand und Rissigwerden der Haut wurde Pflanzenschleim verwendet, der mit verschiedenen Wachsen, Ölen und Duftstoffen vermischt wurde. Zur **Mundhygiene** wurden Pillen und Kaugummi aus Gummi arabicum, dem Pflanzenschleim einer baumartigen Akazienart, und Mastix, bei den Griechen »Pistazienharz« genannt, gekaut.

Unter Ramses III. (1196–1165 v. Chr.) wurden Rauchopfer, Salböle und Duftwässer, die bis dato nur für religiöse Handlungen und Staatszeremonien bestimmt waren, für **profane Zwecke** freigegeben und an die zahlungskräftige Oberschicht verkauft. Parfüms und Kosmetika wurden in den gesamten Mittelmeerraum geliefert. Seinen Höhepunkt erfuhr dieser Handel unter Königin Kleopatra (69–30 v. Chr.).

Antikes Kreta und Griechenland

König Minos, dem Mythos nach der Sohn des Zeus und der Europa, war um 2500 v. Chr. der Herrscher, unter dem Knossos seine Blütezeit erlebte. Er trieb Handel mit den Ägyptern und Persern, lieferte ihnen das kostbare Olivenöl und heimische Kräuter.

Die **Kreter** übernahmen von ihren Handelspartnern teilweise deren Duftkultur und ergänzten sie mit ihren eigenen aromatischen Pflanzen.

Labdanum war der wichtigste Parfümstoff der kretischen Frauen; vermischt mit Wein, Myrrhe und Myrtenöl wurde es auch gegen Haarausfall und zur Wundnarben-Heilung verwendet. **Myrtenblätter** wurden in der Lendengegend und in den Achselhöhlen getragen als natürliches Deodorant.

Im antiken **Griechenland** waren Düfte »das Unfassbare göttlichen Ursprungs«. Durch den Wohlgeruch näherten sich, dem Mythos nach, die Götter den Menschen.

Die Ära der **großen Philosophen,** Sokrates (470–399 v.Chr.) und Plato (427–347 v.Chr.), dämmte den verschwenderischen Gebrauch von Duftstoffen ein. Die Spartaner verwiesen gar die Salbenköche des Landes. Für sie waren die Wohlgerüche die **Feinde der Tugend**.

Alexander der Große (356–323 v.Chr.) aber, der durch Eroberungen die fernöstlichen Handelswege erschloß, gründete Alexandria, die griechische Hauptstadt Ägyptens, und machte sie zum Mittelpunkt der Parfümindustrie der Antike. Unter Alexander dem Großen war es Usus, **alle Körperteile** zu parfümieren: die Arme mit Pfefferminze, die Beine mit schwerer ägyptischer Salbe, Wangen und Brust mit Palmöl, Augenbrauen und Haare mit Majoranpomade, Knie und Nacken mit Thymianessenz. Besondere Wertschätzung fanden Lilien, Rosen und weiße Veilchen.

Aristoteles (384–322 v.Chr.), obgleich ein Schüler Platos, verband den Gebrauch von Wohlgerüchen mit Wohlbefinden und **Dioskurides**, ein Arzt im 1. Jahrhundert n. Chr., überlieferte der Nachwelt Heilmethoden mit aromatischen Pflanzen.

Als das **Christentum** in Griechenland Einzug hielt, fiel die Duftkultur gänzlich der Askese zum Opfer. Weihrauch war das einzig verwendete Räuchermittel, und dies wohl auch nur wegen seiner desinfizierenden Eigenschaft.

Kosmetik hat eine lange Geschichte: Am ägyptischen Hof schätzte man Wohlgerüche und benutzte eine Vielzahl pflegender und dekorativer Kosmetika.
Die Griechen glaubten, daß sich in Düften die Götter den Menschen näherten, und in Rom ließ man sich von speziell ausgebildeten Sklavinnen in Sachen Schönheitspflege verwöhnen.

Die Römer

Die Römer übernahmen die Duftkultur von den Griechen, nachdem sie bei ihren Eroberungsfeldzügen bis in den Vorderen Orient vorgestoßen waren.

Die Schönheitspflege, ebenfalls von den Griechen übernommen, erreichte im Römischen Reich ihren Höhepunkt: Besonders spezialisierte Sklavinnen, die **Cosmetae**, verstanden sich auf die Behandlung mit duftenden Salben und aufwendiger Haarpflege. Öffentliche Bäder, die Vorgänger des orientalischen Hamam, wurden eingerichtet, Safran- und Rosenessenz in Bankettsälen und Theatern über die Anwesenden zerstäubt.

Der Niedergang des weströmischen Reiches, 450 n.Chr., setzte eine **Zäsur** in der Duftkultur der zivilisierten Welt.

Islamisches Arabien

Der Islam freute sich weiter an den irdischen Genüssen der Sinne, während Christen und Juden den Gebrauch von Parfüm ablehnten.

Die **Rose** war in der arabischen, islamischen Welt die absolute Lieblingsblume, viele Dichter schrieben Hymnen auf sie: »Der Duft einer Rose macht dich sprachlos und weiht dich in alles ein« (persisches Sprichwort).

Die von den Ägyptern begründete **Aldimie** sollte unter dem Islam zu neuer Blüte kommen. Neue Destillationstechniken wurden erfunden, die bedeutendste davon war die **Wasserdampfdestillation**. Vor allem Rosenöl und Rosenwasser wurden produziert und nach Indien, China und Europa exportiert.

Seit den 20er Jahren machen sich französische Ärzte die heilende Kraft der ätherischen Öle zunutze, und in Italien behandelt man Depressionen und andere seelische Störungen mit Blütenessenzen.

Der islamische Forscher und Arzt »Ali Ibn Sina« (980–1037 n. Chr.), genannt »**Avicenna**«, hinterließ mit seinem Lehrbuch der Medizin, »Canon medicinae«, ein Grundlagenwerk für die Naturheilkunde. Er empfahl zur Heilung unter anderem Weihrauch, Myrrhe, Styrax, Galbanum und bereits von den Römern und Griechen als Heilkräuter benutzte aromatische Pflanzen wie Wacholder, Kümmel, Minze, Kamille, Oregano und Zimt. Auch Amber, Moschus und Aloeholz fanden bei ihm Verwendung.

Damit reihte sich Arabien ein in die Länder, die schon immer Aromatica mehr zum Heilen als zum Verschönern benutzten: **Indien und China**.

Das Europa des Mittelalters und der Moderne

Die Duftkultur im Abendland erwachte aus ihrem »Mauerblümchendasein« im frühen Mittelalter: In den **Klöstern** beschäftigten sich Nonnen und Mönche mit dem Anbau und der Verwendung von Duftpflanzen als **Heilmittel**. Der deutsche Kaiser **Karl der Große** erließ im 8. Jahrhundert ein Gesetz, welche Heilpflanzen angebaut werden durften, u. a. Rose, Basilikum und Iris.

Florenz und Venedig, wichtige Handelszentren, versorgten im selben Zeitraum Mitteleuropa mit Rohstoffen aus dem Orient und den daraus in Italien produzierten Luxusgütern. Dazu gehörten auch Parfum und Kosmetika.

Veilchenöl, Rosenwasser, Seifenkugeln aus Damaskus, Galgant und Lakritze aus Alexandria. Exotische Gewürze erfreuten sich allgemeiner Beliebtheit, Gewürznelken zählten zu den wichtigsten Aromen. Von den **Kreuzzügen**, die von 1096–1291 n. Chr. andauerten, brachten die europäischen Herrscher die Düfte des Morgenlandes mit, vor allem Moschus und Sandelholz.

Die englischen französischen und italienischen Herrscher und Herrscherinnen praktizierten im großen Umfang die Kultur mit den Wohlgerüchen, eine **Renaissance der Duftkultur der Antike** setzte ein.

Katharina von Medici (1519–1589) exportierte die Parfümerie von Florenz nach Frankreich. Unter ihrem Einfluss gelangte die südfranzösische Stadt **Grasse** ab dem Jahr 1580 zu seiner Bedeutung als Zentrum der Parfumherstellung.

Während die Parfümerie, obgleich gezügelt durch den Protestantismus, fortbestand, und die

Verwendung von Duftstoffen in der aufstrebenden Kosmetikindustrie einen festen Platz einnahm, wich die Geheimlehre der Alchimie Ende des 18. Jh., einhergehend mit gesellschaftlichen und wissenschaftlichen Umbrüchen, den mechanistischen Naturwissenschaften. Die Trennung von Körper, Seele und Gesit war vollzogen.

In den **Klöstern** jedoch wurde das Wissen um die Heilpflanzen bewahrt und konserviert für eine Zeit, die wieder reif sein würde für die Auseinandersetzung mit den Gesetzen der Natur, mit den Zusammenhängen zwischen Mensch und Kosmos, mit den unerforschten Geheimnissen des Lebens.

Mit dem Beginn der **Strukturlehre** in der Chemie, Anfang des 19. Jh., war ein neuer Meilenstein für die Geruchsmittelindustrie, aber auch für die Arzneimittelindustrie gelegt. Pflanzliche Stoffe konnten in ihre chemischen Bausteine zerlegt und damit synthetisch hergestellt werden. Synthetische Stoffe hatten den natürlichen Stoffen gegenüber auch den Vorteil, dass sie ihren Duft nicht veränderten; hier gelang der Parfümerie ein großer Durchbruch. Im Jahr 1889 brachte das Haus Guerlain erstmals ein Parfüm auf den Markt, das sich unter anderem aus synthetisch hergestelltem Kumarin, Vanillin und Heliotropin zusammensetzte.

Auf dem Heilmittelsektor verdrängte die Entdeckung und Herstellung von Antibiotika durch den Bakteriologen Fleming 1939 die Phytotherapie, die bis zu dieser Zeit immer eine Ergänzung zur Schulmedizin war, von ihrem Platz und damit auch die ätherischen Öle, die »Antibiotika der alten Zeit.«

Aber das zarte Pflänzchen der Duftkultur wuchs, obwohl das moderne Wissen versucht hatte, ihm den Garaus zu machen, im Verborgenen stetig weiter.

Der französische Chemiker René-Maurice **Gattefossé** gründete zu Beginn des 20. Jahrhunderts eine Firma zur Herstellung von ätherischen Ölen für die Parfüm- und Kosmetikindustrie. Ein Zufall brachte ihm die heilende Wirkung der ätherischen Öle nahe und er begann, auf diesem Gebiet die Forschungen voranzutreiben. Sein Schüler, **Dr. Valnet**, therapierte im 1. Weltkrieg erfolgreich mit Aromen und schrieb in den 20er Jahren das erste Buch über Aromatherapie. Somit war der Grundstein für eine **aromamedizinische Tradition** in Frankreich gelegt, die bis heute anhält. Ihre bekanntesten Vertreter sind Dr. Paul Belaiche und Dr. Daniel Pénoël.

Die Väter der **Aroma-Psychotherapie** sind die beiden Italiener Dr. Renato Cayola und Dr. Giovanni Gatti, die in den Jahren 1920–1930 die Wirkung der ätherischen Öle auf das Nervensystem untersuchten. Bekannter allerdings wurde der Mailänder Arzt, **Dr. Paolo Rovesti**, der Aromen zur Behandlung von psychischen Störungen, hauptsächlich für alle Formen von Depressionen einsetzte. Er installierte einen Lehrstuhl an der Mailänder Universität.

Eine Schülerin Valnets, **Marguerite Maury** (1895–1965), brachte die Aromatherapie nach **England**. Die **Aromamassage** wurde entwickelt und auch auf dem Gebiet der **kosmetischen Anwendungen** mit ätherischen Ölen wurde neues Wissen gesammelt. Die bekannteste Vertreterin ist heute **Shirley Price**.

In **Deutschland** fanden sich vor ungefähr 15 Jahren einige Anhänger der Aromatherapie, aus medizinischen und nicht-medizinischen Bereichen zusammen, um die Duftkultur auch in unserem Land bekannt zu machen. Ein unvorhergesehener Triumphzug der ätherischen Öle setzte ein.

In den vergangenen Jahren entdeckte auch die Kosmetikindustrie die **reinen, natürlichen** ätherischen Öle wieder als einzigartiges Mittel zur Pflege der Haut und Förderung des Wohlbefindens. Die **Aromakosmetik** war geboren, als Bereich der Aromakultur, die sich bewusst abhebt von Krankheitsdiagnosen und heiltherapeutischen Anwendungen.

Wie wirken die ätherischen Öle?

Ätherische Öle wirken in direkter Weise **körperlich** über die Haut und die Schleimhäute und beeinflussen **psychisch** direkt über den Geruchssinn. Über ihn gelangen die Duftmoleküle auch in unser Nervensystem und damit in unsere Organe. Über die Haut, die mit dem Nervensystem ebenfalls in Verbindung steht, nehmen Aromen auch auf unsere psychischen Befindlichkeiten Einfluss. Das bedeutet, dass wir jeweils eine zusätzlich **indirekte** Wirkung auf Körper und Psyche erreichen.

Körperliche Wirkung

Seit den Entdeckungen von Gattefossé wissen wir, dass ätherische Öle eine **stoffliche Verwandtschaft** mit unserem Hautsebum aufweisen. Fettige Substanzen können in tiefere Hautschichten vordringen, wenn ihre Molekularstruktur klein genug ist. Diese Tatsache macht sich die Kosmetikindustrie zunutze, indem sie kleinste Fettpartikel mit Wirkstoffen beschießt und in Hautcremes und -seren einarbeitet: Liposome, Cerasome und Nanospheren zum Beispiel. Solche Produkte wirken nicht nur in der Epidermis, sondern auch in der darunterliegenden, bindegewebigen Kutis und können so eine Hautstraffung bewirken.

Ätherische Öle jedoch gelangen über die Haarfollikel auch in die tieferliegende fettgewebige Subkutis. Sie verteilen sich im Blutkreislauf, werden von der Lymph- und Zellflüssigkeit, den Nervenbahnen und dem Fett- und Muskelgewebe aufgenommen. Über die Lungen und die Nieren werden sie wieder ausgeschieden.

Altem, alchimistischem Wissen nach hat jedes ätherische Öl eine besondere Affinität zu einem **bestimmten Organ**. Auch Gattefossé erstellte eine Klassifizierung von ätherischen Ölen nach ihrer Wirkung auf die Nerven, die endokrinen Drüsen, den Stoffwechsel und die Verdauungsorgane.

Kosmetisch gesehen, bringen uns die ätherischen Öle großen Nutzen, denn sie können

- die Haut desinfizieren,
- den Hauttonus anregen,
- Entzündungen der Haut hemmen,
- das Zell- und Gewebewachstum anregen,
- die Lymphe entstauen,
- Pilzwachstum hemmen,
- die Reflexzonen stimulieren,
- den Energiefluss im Körper aktivieren,
- die Muskulatur entspannen,
- das Bindegewebe stärken und
- den Hautstoffwechsel entgiften.

Ätherische Öle wirken gleichermaßen körperlich und geistig-seelisch, also ganzheitlich!

Psychische Wirkung

Wenn wir atmen, riechen wir! Mit unserer Atmung gelangen Duftreize aus unserer Umwelt, also auch die ätherischen Öle, über den Geruchssinn in unser Gehirn. Düfte strömen über unsere Riechnerven direkt ins **Limbische System**, die Überreste des Riechhirns frühgeschichtlicher Zeit. Dieses Gehirnzentrum, Steuerungszentrale für das Unterbewusstsein

Ätherische Öle gelangen über den Geruchssinn in die Gehirnzentren und nehmen von dort Einfluss auf Regulatoren, die die psychische Konstitution des Menschen bestimmen.

Die verschiedenen **Molekültypen** lassen sich klassifizieren nach ihrer Wirkung auf die Psyche und die Haut:

Monoterpen-Kohlenwasserstoffe

Beispiel:
Alpha- und beta-Pinen, Limonen.

Psychische Wirkung:
Allgemein ausgleichend, stärkend.

Wirkung auf der Haut:
Trocknend, stabilisierend.

Hauptwirkstoff in:
Zitrone, Zypresse.

Monoterpen-Ketone

Beispiel:
Thujon, Pincamphon, Verbenon, Jasmon.

Psychische Wirkung:
Gedächtnisstärkend, anregend.

Wirkung auf der Haut:
Anregend auf Zell- und Gewebewachstum; wundheilend.

Hauptwirkstoff in:
Rosmarin Typ Verbenon mit milden Ketonen (Verbenon), Salbei, Ysop mit **neurotoxisch** wirkenden **Ketonen** (Thujon, Pincamphon).

Monoterpen-Aldehyde

Beispiel:
Citronellal, Citral.
Psychische Wirkung:
Beruhigend, sedativ.
Wirkung auf der Haut:
Entzündungshemmend.
Hauptwirkstoff in:
Eisenkraut (Zitronenverbene), Melisse.

Monoterpen-Ester

Beispiel:
Benzoate, Azetate.
Psychische Wirkung:
Harmonisierend, beruhigend, stärkend.
Wirkung auf der Haut:
Fungizid, ausgleichend, entspannend.
Hauptwirkstoff in:
Rosengeranie, Ylang-Ylang, Lavendel, Kamille römisch, Muskatellersalbei.

Monoterpen-Alkohole

sind die dominanteste Komponente in Zitrus- und Nadelölen, vielen Kräutern und Gewürzen. Sie sind **mild** und allgemein **verträglich** und **nicht toxisch!**
Beispiel:
Linalol, Citronellol, Geraniol, Terpineol-4, Menthol.
Psychische Wirkung:
Nerventonisierend.
Wirkung auf der Haut:
Antiseptisch, tonisierend, ausgleichend, entzündungshemmend, immunstimulierend
Hauptwirkstoff in:
Rosenholz, Koriander, Petit grain, Thymian Typ Linalol, Rosengeranie, Rose, Palmarosa, Melaleuca alternifolia (Teebaum), Pfefferminze, Myrte.

Monoterpen-Phenole

Essenzen mit hohem Phenolgehalt sind **nicht** für die Hautpflege zu empfehlen!
Beispiel:
Thymol, Carvacrol.
Psychische Wirkung:
Nerventonisierend.
Wirkung auf der Haut:
Antiseptisch, fungizid, aber **hautreizend**!
Hauptwirkstoff in:
Thymian Typ Thynol, Oregano, Bergbohnenkraut.

Sesquiterpen-Kohlenwasserstoffe

Beispiel:
Chamazulen, Caryophyllen.
Psychische Wirkung:
Stabilisierend, beruhigend.
Wirkung auf der Haut:
Entzündungshemmend, antiallergisch.
Hauptwirkstoff in:
Deutsche (blaue) Kamille, Schafgarbe.

Sesquiterpen-Alkohole

Beispiel:
Alpha-Bisabolol, Santalol, Viridiflorol, Cedrol.
Psychische Wirkung:
Nerventonisierend, aktivierend.
Wirkung auf der Haut:
Entzündungshemmend, die Lymphe entstauend, das Gewebe stabilisierend, den Blutandrang in den Kapillargefäßen vermindernd
Hauptwirkstoff in:
Deutsche Kamille, Sandelholz, Salbei, Pfefferminze, Zeder.

Phenylpropan-Derivate sind hochwirksame Moleküle. Darunter gibt es 2 besonders erwähnenswerte, da sie wohl **stark antiseptische** Eigenschaften besitzen aber doch **stark hautreizend** sind **Zimtaldehyd** im Zimtrindenöl und **Eugenol** im Gewürznelkenöl als Hauptwirkstoff vorkommend.

und Regulationsstelle für unser vegetatives Nervensystem, versorgt das Großhirn mit Energie und Inspiration über die Riechfähigkeit. Düfte erreichen also das **Unterbewusstsein**, den Ort biologischer Grundtriebe und menschlicher Motivation (nach Sigmund Freud), bevor das bewusste Denken sie wahrgenommen hat.

Aromen **beeinflussen** dadurch, dass sie, unzensiert vom Intellekt, direkt ins Limbische System gelangen und wirken auf unsere emotionalen Empfindungen, die Phantasie und Kreativität, unsere psychische Antriebskraft, unsere Lebensfreude (Libido), unsere Erinnerungen, unsere Sexualität.

Der unmittelbare Einfluss der ätherischen Öle auf die Emotionen und die Motivation macht sie zu unvergleichlichen **Helfern zur Selbsthilfe**.

Sie können

- helfen, zu Entspannung und innerer Ruhe zu finden,
- Kräfte entstehen lassen, gewohnte Lebensweisen positiv zu verändern,
- helfen, zu produktiver Ausgeglichenheit zu gelangen,
- uns vor den negativen Auswirkungen von Stress bewahren,
- die Nerven tonisieren, beruhigen und sedieren und Stimmungen harmonisieren.

Der Prozess der Biosynthese zeigt uns, dass ätherische Öle von ihrer chemischen Struktur her durchaus verwandt sind mit körpereigenen Hormonen, Fetten und Vitaminen. Die starke Wirkung von Aromen auf den Organismus wird dadurch sehr deutlich.

Für die **ganzheitliche Aromakosmetika** sind sie damit wertvolle Präparate, um Entspannung und Wohlbefinden herbeizuführen.

Warum wirken ätherische Öle auf diese Weise?

Der individuelle Duft, die hautpflegenden und psychisch wirkenden Eigenschaften jedes einzelnen ätherischen Öls hängen von der Kombination und Konzentration der verschiedenen **chemischen Bausteine** ab, aus denen sie sich zusammensetzen.

Ätherische Öle weisen Molekülketten von 10 bis 20 Kohlenstoffatomen auf. Nur Moleküle dieser Größe sind **leicht genug**, um aus der Pflanze gelöst zu werden und **klein genug**, um in die Haut eindringen zu können. Wie wir bereits wissen, sind ätherische Öle die Produkte bestimmter Stoffwechselprozesse in den Pflanzen.

Duftmoleküle bestehen im wesentlichen aus der Kohlenwasserstoffgruppe der **Terpene**. Ausgehend vom Grundbaustein Isopren, mit fünf Kohlenstoffatomen, synthetisiert der Zellstoffwechsel weitere Verbindungen mit anderen Informationen: Isopren C5 – Monoterpen C10 – Sesquiterpen C15 – Diterpen C20 – (Östrogen, Progesteron, Vitamin A), Triterpen C30 (Squalen, Cholesterin) – Steroide, Kortison.

Der Anteil bestimmter Terpene in unterschiedlicher Dosis schlägt sich in der **Farbe**, im **Duft** und in der **Viskosität** jedes einzelnen ätherischen Öles nieder.

Die Bedeutung des Riechens

Der embryonale Mensch entwickelt ungefähr ab der vierten Lebenswoche aus dem äußeren Keimblatt (Ektoderm) gleichzeitig Haut, Hirnstamm, Nervensystem und Sinnesorgane. Wir können also annehmen, dass der Geruchssinn bei uns Menschen bereits vor der Geburt eine Rolle spielt, dass wir schon im Mutterleib in der Lage sind zu riechen, Düfte wahrzunehmen. Der Duft der Mutter ist wahrscheinlich unser erster Duftreiz.

Neugeborene senden vanilleartig riechende Duftsignale aus, damit sie umsorgt und angenommen werden; die Mutter erkennen sie ebenfalls an deren Duft. Im Laufe der weiteren Entwicklung des Menschen spielt das Riechorgan eine sehr wichtige Rolle: Wir sind immer von Gerüchen umgeben: Von den Düften der Natur, Essensdüften, Düften im Haus, Tierdüften, Düften im Straßenverkehr, den Düften der Menschen, die um uns sind usw. Wir laufen ständig durch sog. **Duftschranken**, nehmen diese Düfte bewusst oder unbewusst wahr und ordnen sie danach ein, ob sie uns angenehm oder unangenehm sind. Manche Düfte verzaubern uns geradezu, andere schrecken uns ab oder geben uns den Hinweis auf eine Gefahr.

Duft und dazugehörender Gegenstand/Person/Tier/Landschaft usw. werden in Kombination von unserem Gehirn gespeichert: Vor unserem inneren Auge taucht sofort eine Rose auf, wenn wir z. B. an der Rosenessenz riechen.

Zu jeder **neuen** Duftwahrnehmung gehört eine bestimmte Situation: Das erste Stück Apfelkuchen bei Oma, der erste Kuss am Jasminbusch, Mandarinen am Nikolaustag, Rosenernte in der Türkei, die erste Fahrstunde und das »Cool Water for Men« des Fahrlehrers etc.

Ätherische Öle haben über das Limbische System einen direkten Zugang zu unserem **Unterbewusstsein**, dem Ort, der die Wünsche und Bedürfnisse beherbergt, die im Laufe unserer Entwicklung mit unseren Erziehungs- und Realitätsansprüchen in Konflikt gerieten.

Warum halten Sie nicht gerade jetzt ein wenig inne und erinnern sich an Situationen, in denen sie einen bestimmten Duft zum ersten Mal wahrgenommen haben? Sie werden vielleicht überrascht sein, auf welch interessante Reise Sie sich begeben haben!

Durch bestimmte Reize gelangen Erinnerungsspuren aus dem Unterbewusstsein in unser Bewusstsein; das kann auch durch ein ätherisches Öl passieren: Ob der Duft von z. B. Kamillen-Essenz für die/den, die/der ihn wahrnimmt, angenehm oder unangenehm ist, wird sich durch die Erinnerung, die damit verknüpft ist, entscheiden.

Erinnerungen sind konditionierte Duftreize!

Wie nehmen wir einen Geruch wahr?

Der Geruchssinn ist sehr komplex, am ehesten mit dem Immunsystem zu vergleichen. Die Forscher haben herausgefunden, dass unser Riechorgan mehr als 10 000 Duftstoffe unterscheiden kann.

Trifft ein Duftmolekül auf die Riechschleimhaut unserer Nase, wird es zu einem elektrischen Impuls an der Sinneszelle umgewandelt. Das Riechepithel, im Dach der Nasenhöhle, ist mit bis zu 50 Millionen Riechzellen ausgestattet. In der Membran der Riechzellen liegen spezifische Proteine, die **Geruchsrezeptoren**. An diese Rezeptoren koppeln die Duftmoleküle an. Jedes Duftmolekül muss sein passendes Rezeptormolekül finden.

Durch den Kontakt des Moleküls mit dem Rezeptoreiweiß kommt es in der Riechzelle zu einer großen Produktion von Botenstoffmolekülen. Diese sind in der Lage, die Zellmembran so weit zu öffnen, dass ein Kanal entstehen kann, der Ströme in die Zelle fließen lässt und über eine Reizleitung in unser Riechhirn weitergibt. Diese elektrischen Signale treffen auf bestimmte Zielzellen im Gehirn, werden nach ihren Informationen sortiert und mit Hilfe von sog. Mustererkennungsprozessen identifiziert.

Wie ist das mit der Liebe auf den ersten Blick? Ist es doch eine Liebe auf den ersten Riecher, oder eine Kombination aus beidem?

Was geschieht, wenn die Duftmoleküle unser Gehirn erreicht haben?

Die Duftmoleküle aktivieren unmittelbar das **Limbische System**. Es dient der Verbreitung von Reizen aus dem Körper und der Umwelt. Es ist dem **Hypothalamus** unmittelbar übergeordnet und gibt diesem die **Impulse** für die Steuerung der Regulationsvorgänge des Körpers. Hier ist das Zentrum für die Triebe, Instinkte und Emotionen, die der **Selbsterhaltung** dienen, z.B. Hunger- und Durstempfinden, Schlaf-Wach-Rhythmus, Aggression.

Der Hypothalamus steuert die **Hypophyse** und reguliert zusammen mit ihr die Tätigkeit des vegetativen Nervensystems und der endokrinen Drüsen.

Das Limbische System gibt Impulse an den **Thalamus**, die zentrale Schaltstelle zwischen Großhirn und zentralem Nervensystem.

Die Pheromone

Unsere Nase ist nicht nur mit einer Riechschleimhaut ausgestattet, sie verfügt über ein weiteres Organ, das Düfte wahrnehmen kann, das **Vomeronasalorgan**. Es liegt als wenige Millimeter langer Gang von konischer Form und einem Durchmesser von 0,2–2 mm in der Nasenschleimhaut. Pro Nasenloch gibt es ein Vomeronasalorgan. Es verfügt über eine Unzahl von Rezeptorzellen, ist tausendmal empfindlicher als der Geruchssinn und durch Nervenbahnen direkt mit dem Hypothalamus verbunden. Mit diesem Organ nimmt die Nase **Pheromone** wahr, Lock- und Botenstoffe, die sich auf der menschlichen Haut befinden.

Jeder Mensch hat seinen eigenen, individuellen Duft, seinen **chemischen Ausweis**, wie er seinen eigenen Fingerabdruck besitzt.

Pheromone sind eigentlich geruchlos, schweben in winzigsten Spuren durch die Luft. Nur in Verbindung mit Schweiß sind sie von unserem Riechorgan wahrnehmbar. Bisher wurden über 20 verschiedene Pheromon-Stoffe entdeckt. Was bewirken sie?

Durch die direkte Einflussnahme auf den Hypothalamus sind sie u.a. mitverantwortlich für die **Steuerung** von:

- Emotionen und zwischenmenschlicher Kommunikation,
- sexueller Anziehung und Partnerwahl,
- Sympathie und Antipathie,
- Herzschlag, Atmung, Hauttemperatur und Hormonhaushalt.

In wissenschaftlichen Untersuchungen wurde gemessen, dass nach dem Wahrnehmen von Pheromonen innerhalb einer zehntausendstel Sekunde Veränderungen im Organismus stattgefunden haben.

Ein weiterer Test hat ergeben, dass Pheromon-Substanzen binnen Sekundenbruchteilen bis zu 20 verschiedene Stoffwechselvorgänge beeinflussen können.

Wir wissen, dank der Forschung, dass der Duft, »die Chemie«, zwischen zwei Menschen stimmen muss, damit sie sich sympathisch finden oder sich gar ineinander verlieben. Der visuelle Eindruck spielt zwar eine wichtige, aber nicht die übergeordnete Rolle bei zwischenmenschlichen Begegnungen.

Um Pheromone mittels des Vomeronasalorgans wahrnehmen zu können, muss **Körperkontakt** entstehen, das heißt, unsere Schutzschranke muss durchbrochen, die Distanz überschritten werden. Die Riech- und Reichweite dieser Lockstoffe beträgt nämlich nur einige Zentimeter.

Dicke Kleidung blockiert außerdem die Wahrnehmung dieser flüchtigen Stoffe, deshalb spricht man auch von den sog. »Frühlingsgefühlen«. Zu häufiges Waschen dünnt die Pheromone aus oder vertreibt sie; sie werden allerdings nachgebildet.

Ein **Vorteil**, den z.B. natürliche Düfte gegenüber synthetischen haben, ist, dass sie sich mit dem körpereigenen Duft vermischen, während synthetisch hergestellte Duftmoleküle diese Eigenschaften nicht besitzen: unser Vomeronasalorgan kann in die Irre geführt werden.

Die Produktion von Pheromonen ist **abhängig** von Stimmung, Gesundheitszustand und Alter, sollen sie doch in erster Linie der **Fortpflanzung** dienen.

Man hat festgestellt, dass es Anziehungspheromone, sog. **Aphrodisiaka**, und **Abstoßungspheromone**, die wahrscheinlich vor Inzest schützen und auch genetische Kontrolle ausüben sollen, gibt.

Ob wir jemanden sympathisch finden, hängt keineswegs nur von seinem Aussehen ab. Nur wenn die »Chemie« stimmt, können wir einander »riechen«.

Aber es gibt auch Pheromone, die einen besonderen Gemüts- oder Gesundheitszustand signalisieren. So kann man z.B. »die Angst riechen«.

Die wichtigsten **Pheromon-Quellen** befinden sich:

- In den **Achselhöhlen**. Pheromone werden in den Schweißdrüsen gebildet, beim Transpirieren ausgeschieden und auf der erhitzten Haut verdampft.
- In den **Nasolabialfalten**. Wahrscheinlich ist der Kuss ein Ritual, das vor allem dem Erschnüffeln von Pheromonen dient.
- An den **Geschlechtsorganen**. Der Liebesakt ist ein wahres »Pheromonbad«.

Es gibt **ätherische Öle** mit chemischen Bausteinen, die menschlichen Sexualhormonen oder Lockstoffen, ähnlich sind, z.B. Sandelholz, Kreuzkümmel, Moschuskörner, Vetiver, Jasmin.

Diese Essenzen gelten als besonders **aphrodisierend**, aber auch als besonders **entspannend**. Pheromon-Stoffe und ätherische Öle tragen also gleichermaßen zum **Lustgewinn** in unserem Leben bei.

Schon der Held des Romans »Das Parfum«, Grenouille, machte sich diese Tatsache zunutze. Auf sehr beeindruckende Weise wird geschildert, wie man durch Düfte die Menschen manipulieren kann.

Im wirklichen Leben wird dies bereits im großen Stil praktiziert: Beduftung von Kaufhäusern, um die Kauflust zu steigern; Beduftung von Büros, um die Leistungsfähigkeit der dort Arbeitenden zu beeinflussen; Aromatisieren von Lebens- bzw. Genussmittel, um das Bedürfnis nach »Mehr« im Konsumenten zu erzeugen und vieles mehr.

Wenn wir ätherische Öle aromakosmetisch einsetzen, sollte unsere oberste Maxime sein, dass wir sie zum Wohl derer einsetzen, die zu uns kommen, um Entspannung zu finden und Pflege für ihre Haut.

Die Neurotransmitter

Thalamus, Hypothalamus, Hypophyse und vegetatives Nervensystem aktivieren durch die Impulse, die das Limbische System über Duftreize an sie gibt, die Produktion von **körpereigenen Drogen**: Neurochemische Stoffe oder sog. **Neurotransmitter.**

Diese Botenstoffe des Gehirns beeinflussen unsere psychosomatische Gesamtverfassung. Sie sind die Regulatoren für unser **psychisches Gleichgewicht**.

Robert B. Tisserand, Heilpraktiker und Aromatherapeut in England, hat sich eingehend mit den Studien der italienischen Psycho-Aromatherapie beschäftigt und auch eigene Erfahrungen auf diesem Gebiet gesammelt. Die folgende Übersicht stützt sich auf die Erkenntnisse von Tisserand.

Bestimmte chemische Bausteine von ätherischen Ölen aktivieren im Gehirn die Ausschüttung von bestimmten neurochemischen Stoffen nach dem Prinzip der Rezeptorentätigkeit.

Endorphine

Es handelt sich um in der Hypophyse gebildete Neurotransmitter. Sie werden auch **Glückshormone** genannt, da sie eine euphorisierende Wirkung auf unsere Psyche und schmerzstillende Wirkung auf unseren Körper haben.

Werden durch Einflüsse von innen oder außen nicht genügend Endorphine ausgeschüttet, kann es zu Gefühlskälte, Schüchternheit und geschwächter Libido (Lebensfreude) kommen.

Ätherische Öle wie Muskatellersalbei, Jasmin, Patchouli und Ylang-Ylang fördern die Produktion von Endorphinen.

Enkephaline

Diese Neuropeptide stimmen uns Menschen heiter und können Schmerzen lindern. Ihre Produktion wird durch den Thalamus aktiviert. Ein Absinken des Enkephalinspiegels kann melancholische Stimmungen und einen Mangel an (Selbst-)Vertrauen zur Folge haben.

Die Essenzen aus Grapefruit, Rose, Jasmin oder Muskatellersalbei können die Ausschüttung von Enkephalinen anregen.

Serotonin

Diese Substanz wird im Gehirnzentrum Rapha nucleus gebildet. Sie beruhigt, entspannt, harmonisiert. Wird nicht genügend Serotonin gebildet, sind die Folgen Angstsymptome, Reizbarkeit, Schlaflosigkeit, allgemeine körperliche und seelische Anspannung.

Mit ätherischen Ölen wie Kamille römisch, Lavendel, Majoran oder Neroli kann die Produktion dieses Neurotransmitters angeregt werden.

Noradrenalin

Dieses Hormon ist ein Muntermacher, das anregend und aktivierend wirkt.

Der Locus ceruleus, der mit dem verlängerten Mark (Medulla oblongata) in Verbindung steht, gibt Noradrenalin an das Gehirn ab. Ein Absinken des Noradrenalinspiegels führt zu Antriebsschwäche, Trägheit und auch Abwehrschwäche.

Die Essenzen von Kardamom, Lemongrass, Wacholder und Rosmarin aktivieren den Locus ceruleus.

Weitere Neurotransmitter

Im **Hippocampus** werden Neurotransmitter gebildet, die gedächtnisstärkende Eigenschaften besitzen. Geistige Erschöpfung, Gedächtnis- und Konzentrationsschwäche sind die Folgen einer zu geringen Produktion dieser Botenstoffe.

Gegenmaßnahmen können mit den ätherischen Ölen aus Pfeffer, Zitrone, Pfefferminze oder Rosmarin ergriffen werden.

Was bedeutet das für die Aromakosmetik?

Vegetatives Nervensystem und Neurotransmitter stehen in enger, wechselseitiger Beziehung. Das vegetative Nervensystem, gebildet aus den beiden Komponenten **Sympathikus** und **Parasympathikus** unterliegt nicht der Steuerung durch Willen und Verstand, es kann **nicht bewusst** beeinflusst werden, wohl aber durch Triebe und Emotionen.

Über die vegetativen Nervenfasern setzen sich die Reaktionen auf psychische Einflüsse in den gesamten Körper fort und können **alle** Funktionen stören, die nicht willentlich gesteuert werden.

Das Limbische System, als übergeordnete Steuerungszentrale, reagiert äußerst empfindlich auf **Reizüberflutung**. Diese kann entstehen durch sämtliche Eindrücke und Einflüsse aus der Umwelt, die nicht unmittelbar durch unsere körperlichen und psychischen Regulationsmechanismen verarbeitet werden können, wie körperlicher und psychischer Stress, schlechte Essgewohnheiten, mangelnde Ruhepausen etc.

Die Folge sind sog. **vegetative Störungen**, möglicherweise verursacht durch ein Absinken der Neurotransmitterspiegel und aus dem Gleichgewicht geratene Selbstheilungs- und **Eigenregenerationskräfte**.

Manifestieren sich solche Störungen, weil die Symptome wie Erschöpfungszustände, Hautirritationen, Allergien, nervöse Anspannung, Verdauungsprobleme etc., nicht beachtet werden, sind die Folgen dieser Unpässlichkeiten mitunter ernsthafte Erkrankungen.

Wollen wir unser vegetatives Nervensystem **entlasten**, müssen wir unserer Psyche dieselbe **Hygiene** angedeihen lassen wie unserem Körper. Alle körperlichen, psychischen und geistigen Entspannungstechniken (z. B. Yoga, Qi Gong, Meditation, Imagination, Bioenergetik, entspannende Massagen) einschließlich positiver Duftreize, begünstigen die Harmonisierung des Seelenlebens und fördern dadurch die Eigenregenerationskraft eines Menschen.

Aromakosmetik verbindet als ganzheitliche Behandlungsform Hautpflege mit Entspannung; im Mittelpunkt steht die **Aromamassage** (s. S. 134).

Ätherische Öle als Wirkstoffe gelangen über die Haut und den Geruchssinn in den Organismus und **fördern** die Selbstregulierungsmechanismen. Aromakosmetische Behandlungen können daher sicherlich zu einer **Krankheitsprophylaxe** beitragen.

Die Haut als Spiegel der Seele

Die Haut ist mit einer Gesamtfläche von 20 000–22 000 cm^2 das größte Organ des Menschen.

Auf einem Quadratzentimeter befinden sich:

- 6 Millionen Zellen,
- 5000 Sinneskörper,
- 1000 Schweißdrüsen,
- 15 Talgdrüsen,
- 200 Schmerzpunkte,
- 12 Kältepunkte,
- 2 Wärmepunkte,
- 4 m Nervenfasern,
- 1 m Blutgefäße, die die Versorgung mit Nährstoffen sicherstellen.

Die Haut dient den Menschen als **Schutz**, was in einigen wichtigen Funktionen besonders zum Ausdruck kommt:

- **Physiologisch:** Wärme und Flüssigkeit abgeben.
- **Sensorisch:** Bei Kälte-, Hitze- und Schmerzempfinden Alarm geben, z. B. Gänsehaut bekommen.
- **Psychologisch:** Die Haut ist ein Organ, das auch die jeweilige Gemütsverfassung des Menschen zum Ausdruck bringen kann. In der Sprache manifestiert sich diese Eigenschaft durch Sätze wie »erröten vor Scham«, »Schwitzen vor Angst«, »gegen etwas allergisch sein«, »dünne/dicke Haut haben«.
- Die Haut hat außerdem **Darbietungscharakter**: In unserer Gesellschaft haben wir gelernt, dass eine makellose, reine, gepflegte, faltenfreie Haut das hinlängliche Synonym für Schönheit und Begehrenswertsein ist. Hautfehler gelten daher eher als abstoßend und können erotische Wünsche blockieren. Wie ist das mit den Helden und Heldinnen im Film? Hautanomalien sind mit Camouflage überschminkt; gemeinhin als hässlich geltende Darsteller bekommen eher die Rollen der Anti-Helden, der Verlierer oder der Bösewichte.

Aus **psychosomatischer** Sicht ist die Haut der »Spiegel der Seele« oder auch »das Feld, auf dem Neurosen (= die Neigung, seelische Erlebnisse außerhalb der Norm zu verarbeiten) sichtbar werden«.

Sich Gutes tun, um gesund zu bleiben! Dabei hilft uns die Aromakosmetik.

Psychosomatik

Die Lehre von den Beziehungen zwischen Körper (griech.: soma) und Seele (griech.: psyche) ist die Psychosomatik. Sie vertritt die Thesen: **»Was die Seele kränkt, macht den Körper krank«** und **»Jede somatische Erkrankung findet ihre Ursache in der Psyche«**.

Bei diesen Thesen wird davon ausgegangen, dass jeder Mensch eine anlagebedingte **Schwachstelle** in seinem Körper hat, ein Organ, das anfälliger auf Belastung reagiert als die anderen.

Viele Jahre vor einer eigentlichen Erkrankung spürt der Betreffende bei Aufregung, Angst, Ärger oder Kränkungen genau **diese** Schwachstelle.

Verknüpfende Hinweise sind wieder in unserer sprachlichen Ausdrucksweise zu finden, ist die psychosomatische Sichtweise doch altes, überliefertes, naturheilkundliches Denken.

Einige Beispiele hierzu:

Migräne
»Sich den Kopf zerbrechen«, »nicht mehr wissen, wo einem der Kopf steht«, »etwas wächst einem über den Kopf«.

Magenbeschwerden
»Etwas schlägt auf den Magen«, »alles herunterschlucken«, »alles in sich hineinfressen«.

Gallenbeschwerden
»Eine Laus ist über die Leber gelaufen«, »sich grün und blau ärgern«, »die Galle schäumt über«.

Rückenbeschwerden
»Ein schweres Kreuz tragen«, »mit dem Rücken zur Wand stehen«, »nicht mehr ein und aus wissen«.

Herz- und Blutdruckbeschwerden
»Das Herz will mir brechen«, »sich unter Druck gesetzt fühlen«, »es trifft einen der Schlag«.

Atembeschwerden
»Die Faust im Nacken spüren«, »das Wasser steht mir bis zum Hals«, »es schnürt einem die Kehle zu«.

Die **Aromakosmetik** orientiert sich an der psychosomatischen Sichtweise, da diese mit ganzheitlichem Denken konform geht.

Eine **Hautreizung**, der körperliche Ausdruck, wird gesehen als die Antwort auf eine **Zellreizung** im Zusammenspiel von nervösen und hormonellen Regulatoren, die von unseren Gehirnzentren (Limbisches System) gesteuert werden.

Nach ganzheitlicher Sicht sind typische **psychosomatische Hauterkrankungen:**

- Die **Jugendakne**. Sie ist verbunden mit einer Aggression gegen sich selbst, »sich Narben zufügen«, Angst vor Kontakt; Überempfindlichkeit.
- Die **Stressakne**. Durch eine Überreizung des vegetativen Nervensystems wird zu viel Talg produziert, der in Verbindung mit den Bakterien, die sich auf der Haut befinden, Entzündungen hervorruft.
- **Ekzeme**. Sie sind meist verbunden mit einer Neigung zu Gereiztheit und depressiver Verstimmung.
- **Neurodermitis** oder auch endogenes (im Inneren entstehendes) Ekzem.
- **Psoriasis**, eine sog. Stoffwechselstörung, verbunden mit der »Angst vor Verletztwerden«.
- **Erytheme**, die immer nervös (vegetativ) bedingt sind.
- **Übermäßiges**, nervös bedingtes **Schwitzen**.

Der Stress

Stress ist die Reaktionsfolge des Körpers auf Belastung. Er ist ein **Erregungspegel**, der uns wach und aktiv hält. Stress ist deshalb grundsätzlich positiv zu sehen, die Wissenschaft nennt ihn Eustress.

Der Mensch ist mit einem Mechanismus, quasi einem Instinkt, ausgestattet, der es ihm möglich macht, auf neue, ihm nicht bekannte Situationen angemessen zu reagieren.

Von Geburt an treffen auf den Menschen fast täglich neue Eindrücke und Ereignisse, denen er sich anpasst, durch Modellernen und Training. Auf diese Art und Weise gewinnt er an Sicherheit, sich auf einem bestimmten Territorium zu bewegen. Er entwickelt sog. **Alltagsroutinen:** Handlungsabläufe, die uns »in Fleisch und Blut« übergegangen sind.

Das bedeutet: Eine neue Situation (Stress) trifft auf ein Individuum, es nimmt die neue Situation an, versucht, sich **neues Handlungswissen** anzueignen, das ihm hilft, die neuen Aufgaben zu meistern. Durch den Erwerb dieses Wissens kann es sich den neuen Bedingungen anpassen und findet zu **neuem Gleichgewicht**, der Stress fällt von ihm ab.

Beispiele: Zum ersten Mal mit dem Flugzeug fliegen; neue Fahrkartenautomaten; das Frühstücksbüfett im Hotel; der Supermarkt an der Ecke hat umgeräumt; ein neues Urlaubsland; neue Kundschaft usw.

Anpassung setzt die Fähigkeit voraus, sich sowohl binden als auch lösen zu können und wird in folgenden Schritten vollzogen:

- Die Grenzen der Alltagsroutine überschreiten.
- Sich von Vertrautem lösen.
- Neues wagen.
- Sich neu binden – anpassen.

Wann wird Stress als negativ empfunden?

Stress wird dann als negativ empfunden, bzw. hat negativen Einfluss auf den psychischen und physischen Organismus, wenn die Reize (Stressoren), die auf einen Menschen treffen, so überhöht sind, dass er sich ständig in erhöhter Spannung und erhöhter Abwehrbereitschaft befindet. Die »Batterien laufen leer«, die **Anpassungsreserven** erschöpfen sich. Das kann geschehen bei starken Einschnitten ins tägliche Leben, z.B. Tod des Lebenspartners, Verlust des Arbeitsplatzes oder bei mangelnden Ruhepausen.

Angst geht oft mit depressiver Verstimmung einher, und diesem negativen Seelenzustand kann man mit ätherischen Ölen entgegenwirken. Eine handfeste Depression gehört dagegen in ärztliche Behandlung.

Solcher Stress, Distress genannt, führt zwangsläufig zu Überbeanspruchung der Eigenregenerationsmechanismen und leistet der Krankheit Vorschub.

Die Angst

Die Entwicklung der Emotion Angst ist eng verbunden mit der Entwicklung der kognitiven Fähigkeiten des Menschen. Sie gehört zu den **Unlustgefühlen** wie Eifersucht, Ärger und Abscheu. Ihnen gegenüber stehen Lustgefühle wie Liebe, Fröhlichkeit und Freude. Die Angstempfindung ist ein Warnsignal der Psyche, das dem Menschen hilft, sich vor Gefahr zu schützen.

Als die größten Krankmacher unserer Zeit gelten Stress und Angst.

Das Gefühl der Angst ist Bestandteil menschlicher Existenz. Sie ist der **Spiegel unserer Abhängigkeiten** und des Wissens um unsere Sterblichkeit. Dabei gibt es immer so etwas wie ein **kollektives** Angstempfinden.

Die Menschen früherer Generationen hatten andere Ängste als wir heute. Die frühgeschichtlichen Menschen hatten z.B. Angst vor dem Feuer, dann Angst vor der Elektrizität, Angst vor Maschinen, die sich bewegen etc.

Wir aufgeklärten Menschen der Moderne haben zum großen Teil Angst »vor den Geistern, die wir selber riefen«: Atomkraft, Gentechnologie, erhöhte Ozonwerte, Klimakatastrophe.

Im Unterbewusstsein ist das Gefühl der Angst **immer vorhanden**. Durch bestimmte Signale, Reize oder Erlebnisse kann sie ins Bewusstsein treten.

Wir Menschen können Gegenkräfte entwickeln, um die Angst anzunehmen, wir können uns mit ihr auseinandersetzen und sie besiegen.

Wollen wir Angst nicht annehmen, haben wir in unseren Anlagen Fähigkeiten sie abzuwehren, die sog. **Abwehrmechanismen. Psychisch** durch Ausweichen, Vermeiden, Verdrängen, Betäuben, Überspielen, Leugnen usw. **Physisch** durch ein Anspannen der Muskulatur (Muskelpanzer, meist im Nacken und Rücken) und durch das Ausleben übersteigerter Aggression (Schreien, Schlagen).

Die Emotion Angst hat immer einen **Doppelaspekt**. Sie kann lähmen und sie kann aktivieren. Sie hat **Signalwirkung**, aktiviert Abwehrbereitschaft. Sie enthält einen **Aufforderungscharakter:** die Angst will angenommen und gemeistert werden.

Der Mensch entwickelt sich dadurch weiter, dass er Angst annimmt, d.h. sie akzeptiert, auf sie zugeht und sie überwältigt, durch Auseinandersetzung mit ihr. Jedes **Ausweichen** vor der Angst bedeutet hingegen eine Stagnation bis hin zur Regression (Rückentwicklung). Sie manifestiert sich unter Umständen in **depressiven Verstimmungen**, die wir mit Hilfe von ätherischen Ölen ausgleichen können. Der Ausdruck einer übersteigerten Lebensangst ist die Depression, deren Behandlung immer in ärztliche Hände gehört.

Das **individuelle Angsterleben** wird bestimmt von der körperlich und geistig-seelischen Konstitution eines Menschen, seiner **Anlage**, und seiner persönlichen Biographie, der **Umwelt**, von der er umgeben ist.

Das Spektrum individueller Ängste ist groß:

- ***Angst vor Veränderung, vor Neuem,***
- ***Angst, zu versagen,***
- ***Angst vor Einsamkeit,***
- ***Angst vor Nähe und Berührung,***
- ***Angst vor Arbeitslosigkeit,***
- ***Angst, verlassen zu werden,***
- ***Angst vor Krankheit,***
- ***Angstphobien (Klaustrophobie, Tierphobie) etc.***

Intensität und **Dauer** der erlebten Angst bestimmen, ob sie aufgearbeitet werden kann oder nicht. Wie intensiv und dauerhaft Angst erlebt wird, wird durch die **Persönlichkeitsstruktur** des einzelnen Menschen bestimmt, seinem eigenen **Lebensthema**, das ein Produkt aus genetisch und psychisch bedingten Anlagen und erziehender Umwelt ist.
Wird beim Angsterleben das Maß des Erträglichen, die **Toleranzgrenze**, überschritten, fällt der positive Charakter, sich durch das Bearbeiten von Angst weiterzuentwickeln, weg. Die Abwehrmechanismen funktionieren nicht mehr, die ständige Überforderung führt zu vermehrten Aggressionen, zu Panik oder Rückzug.

Die anhaltenden Stressoren, die Spannungen im Körper und in der Psyche aufrechterhalten, führen zu immer mehr Aggression und immer mehr Angst. Dies äußert sich schließlich in sog. **Symptombildungen:** Neurosen und Psychosen oder körperlichen Krankheitssymptomen (psychosomatische Erkrankungen).

Es wird deutlich, wie eng Angsterleben und Streßempfinden in einer gegenseitigen Wechselbeziehung stehen. Wir haben es mit genau den Aspekten von Reizüberflutung zu tun, die das harmonische Funktionieren des Limbischen Systems beeinträchtigen.

Was ist zu tun?

Biorhythmus und **Psychohygiene** sind die Aspekte menschlichen Selbstschutzes vor Angriffen auf seine psychische und physische Stabilität, auch durch Stress und Angst.

Richtiges Atmen und die Verwendung von **Aromen** können die Entspannung herbeiführen, die wir brauchen, um Stehvermögen und Frustrationstoleranz zu entwickeln und Belastungen mit Gelassenheit entgegenzutreten.

Der Biorhythmus

Darunter versteht man den Wechsel von Aktivitäts- und Erholungsphasen im Organismus. Der Biorhythmus wird gesteuert vom vegetativen Nervensystem und vom Hypothalamus. Die **Anpassung** an den natürlichen Biorhythmus (Tageszeiten, Jahreszeiten, Organuhr) stärkt das Immunsystem und damit die Gesunderhaltung von Körper und Psyche.

Die Psychohygiene

Psychohygiene beinhaltet die Fähigkeit zum richtigen Umgang mit sich und anderen. Die **Voraussetzung** dazu sind Verantwortungsbewusstsein, Selbständigkeit im Denken und Handeln, Selbstachtung, Selbstvertrauen und Vertrauen können, Respekt vor den Mitmenschen und Mut, sich den eigenen Ängsten zu stellen.

Die Atmung

Durch das Atmen wird der Körper mit Sauerstoff versorgt, werden Stoffwechselabfälle abtransportiert und die Muskulatur aktiviert. Die Atmung bestimmt den Sprech- und Arbeitsrhythmus, den Saugrhythmus beim Baby. Sie spielt eine tragende Rolle beim Orgasmus.

Atmung, Muskeltonus, Gehirnaktivität und psychische Mechanismen stehen in einer **wechselseitigen** Beziehung: Sind wir **ausgeglichen**, können wir tief und ruhig in den Bauch atmen, sind locker und können Entscheidungen »aus dem Bauch« fällen. **Umgekehrt:** Atmen wir ruhig in den Bauch, werden wir locker und entspannt.

Über die eigenen Probleme reden und für die Probleme anderer da sein, die Verantwortung bei sich und nicht bei anderen suchen, aber auch Verantwortung abgeben können und Hilfe annehmen, sind wesentliche Strategien der Psychohygiene.

Sind wir **angespannt** und ängstlich, wird unsere Atmung hektisch und starr. Die Wirbelsäule ist gestreckt, der Hals starr, die Gelenke sind angespannt, vielleicht sogar die Faust geballt. Wir wollen uns nicht beugen lassen. **Umgekehrt:** Atmen wir flach in der Brust und nicht tief in den Bauch, werden wir steif und unbeweglich.

In einer leistungsorientierten Gesellschaft heißt es oft **»Gefühlskontrolle üben«**, um zu bestehen. Das bedeutet aber: **»Die Luft anhalten«**. Dies ist oft die Ursache für Verspannungen im Körper und in der Psyche und begünstigt die Entstehung von Krankheit.

Der schnelle Weg zur eigenen Mitte

Atemübungen helfen uns, Stress abzubauen und unser inneres Gleichgewicht wiederzufinden.

Aus der eigenen Mitte heraus können wir die **Energie schöpfen**, die wir brauchen, um den Alltag mit seinen Anforderungen zu meistern.

»In seiner Mitte sein«, ist sowohl eine körperliche Erfahrung als auch eine mentale Befindlichkeit.

Übung

- Stellen Sie sich aufrecht hin. Die Füße haben in Hüftbreite festen Kontakt zum Boden. Die Knie sind ein klein wenig gebeugt. Sie können die Augen schließen.
- Wandern Sie in Gedanken durch ihren Körper. Spannen und entspannen Sie in folgender Reihenfolge die Knie, die Gesäßmuskeln, den Bauch, die Brust, die Schultern.
- Spüren Sie, wie sich die Bereiche ihres Körpers nach dem Loslassen der Spannung anfühlen.
- Achten Sie auf Ihren Atem. Atmen Sie bewusst in den Bauch: beim Einatmen hebt er sich, beim Ausatmen senkt er sich. Sie spüren, wie mit jedem Ausatmen Spannung ihren Körper verlässt und Sie dadurch immer tiefer in sich hineinsinken.
- Ein leuchtender Ball erwärmt Bauch und Becken unterhalb Ihres Bauchnabels. Im Hara, Ihrer Mitte, fließt stärkende Energie.
- Wenn Sie leicht mit Ihrem Körper pendeln, spüren Sie, wie sich die Energie in Ihrem Körper ausbreitet und ihn mit Kraft erfüllt.
- Finden Sie langsam zurück, öffnen Sie die Augen. Strecken und dehnen Sie sich.

Die Rolle der ätherischen Öle

Ätherische Öle können wesentlich zu unserer Entspannung beitragen.

Durch die direkte Einflussnahme auf unsere emotionalen und regulativen Zentren im Organismus helfen ätherische Öle Stress zu reduzieren, Ängste abzubauen, psychisch und körperlich zu entspannen.

Ätherische Öle haben die Fähigkeit, **direkt** auf unseren Atemreflex und Atemrhythmus einzuwirken.

Dies gilt vor allem für die Essenzen aus Koniferen wie:

- Zirbelkiefer,
- Latschenkiefer,
- Fichte,
- Douglasie,
- Riesentanne,
- Weißtanne.

Aber auch die ätherischen Öle von Myrte, Pfefferminze, Bergamottminze, Eukalyptus, Ravensara aromatica, Cajeput, Rhododendron, Wacholder, Ysop decumbens und Zypresse beeinflussen unsere Atmung positiv.

Aromakultur nennt sich die An- und Verwendung von ätherischen Ölen für die Raumbeduftung, für Körperpflege und Massage (Aromakosmetik) und zur Unterstützung von Atemübungen und meditativen Übungen.
Sie unterstützt die Psychohygiene.

Wie gewinnt man ätherische Öle?

Das Wissen um die Gewinnung von ätherischen Ölen ist mehr als 5000 Jahre alt, wie wir der Geschichte der Duftstoffe entnehmen konnten (s. S. 10ff.). Lange bevor die Araber diese Kunst entdeckten und verfeinerten, war sie bereits den indischen und chinesischen Hochkulturen bekannt.

Um den Pflanzen ihre Duftstoffe zu entlocken, gibt es **verschiedene Methoden:** Die Wasserdampfdestillation, die Kaltpressung, die Extraktion und die Enfleurage, die je nachdem, in welchem Pflanzenteil sich die ätherischen Öle befinden, angewandt werden.

Die Kaltpressung

Diese Methode wird bei allen Früchten angewandt, die ihre Ölkammern in den **Schalen** haben: Zitrone, Orange, Clementine, Mandarine, Bergamotte, Limette, Pomeranze. Also alle sog. Zitrusfrüchte oder »Agrumen«.

Die Schalen der Früchte werden zerkleinert, mit wenig Wasser vermischt und maschinell kaltgepresst. Durch Zentrifugieren wird das Öl vom Wasser getrennt. Die Duftmoleküle der Zitrusfrüchte sind leichter als Wasser und hydrophob.

In naturreinen, kaltgepressten Zitrusölen finden sich natürliche Wachsanteile aus den Fruchtschalen. Sie können eine Trübung des ätherischen Öls verursachen. Diese Trübung ist eher ein Merkmal für höchste Qualität!

Die Extraktion

Mit Lösungsmitteln extrahierte ätherische Öle nennt man **Absolues**. Diese Lösungsmittel können chemischer (Hexan oder Petroläther) oder natürlicher (Alkohol) Herkunft sein.

Alkohol-Absolue: Das ätherischen Öl wird mit Alkohol »ausgewaschen«, dieser wird anschließend wieder verdampft. Vor allem Balsame werden so gewonnen, wie Honig, Eichenmoos, Benzoe, Kakao, Tolu, Tonka, Vanille.

Hexan-Absolue: Diese Methode wird bei den meisten Blüten angewandt, deren ätherisches Öl sich weder durch Destillation, meist aufgrund hoher Temperaturempfindlichkeit, noch durch Alkoholauszug gewinnen lässt. Außerdem ist die Ausbeute wesentlich höher als bei der Wasserdampfdestillation. Als erstes Produkt entsteht das »Concrète«, bei der Rose auch »Rosenwachs« genannt. Das Absolue entsteht dann nach verschiedenen Verdampfungs- und Reinigungsverfahren.

Die Enfleurage

Sie ist neben der Mazeration, die bei fetten Ölen praktiziert wird, eines der ältesten Gewinnungsverfahren. Vor allem den kostbaren, temperaturempfindlichen Blüten, darunter Jasmin und Tuberose, wurde auf diese Art das ätherische Öl mit höchster Qualität entzogen.

Gewinnungsverfahren

Anlage zur Wasserdampfdestillation von türkischem Rosenöl

Wasserdampfdestillation von Lavendel

Hexanauszug oder Extraktion mit Hexan

Florentinertopf mit Lavendelöl

Was aufwendig ist, ist auch teuer, deshalb wurde diese Technik schon vor Jahrzehnten eingestellt. Einer deutschen Firma ist es allerdings gelungen, in Südindien ein Projekt zu starten und die Enfleurage-Technik wiederzubeleben. Seit kurzem ist ein Enfleurage-Öl des indischen Jasmin Sambac auf dem Markt.

Das Verfahren

- Die noch geschlossenen Blüten werden gepflückt, wenn sie den höchsten Gehalt an ätherischem Öl haben und dann sofort auf eine dünn mit (Schweine-)Fett bestrichene Glasplatte gelegt.
- Es folgt eine Ruhezeit von 12 Stunden, danach werden die Blüten erneuert. Dieser Vorgang wird 36mal wiederholt, bis das Fett mit dem ätherischen Öl gesättigt ist.
- Die sog. Pomade wird mit Alkohol »gewaschen«, das heißt, ätherisches Öl und Fett werden voneinander getrennt. Anschließend wird der restliche Alkohol abdestilliert.

Die Wasserdampfdestillation

Sie ist die **gebräuchlichste Methode** zur Gewinnung ätherischer Öle.

Ein hohes Maß an Erfahrung und Können ist jedoch dafür notwendig, denn jede Pflanze braucht ihre eigene spezifische Behandlung, damit sie bestes ätherisches Öl abgibt. Oft ist das Wissen, wie eine bestimmte Essenz durch Destillation gewonnen wird, in Familienbesitz und wird auch heute noch als Geheimwissen weitergegeben.

Das Verfahren

- Wasserdampf strömt in ein Gefäß, genannt »Alambic«, in dem sich das Pflanzenmaterial befindet.
- Der Wasserdampf reißt das ätherische Öl aus der Pflanze und kondensiert in einem daneben stehenden Topf in einer Kühlschlange, die in ein Überlaufgefäß, den »Florentinertopf«, mündet.
- Das Öl-Wasser-Gemisch trennt sich durch das unterschiedliche spezifische Gewicht von Öl und Wasser.

Zwei Produkte sind entstanden:

- Das aromatische Wasser oder **Hydrolat**, das die wasserlöslichen Stoffe der Pflanze enthält.
- Das **ätherische Öl**, das die fettlöslichen Bestandteile der Pflanze enthält.

Qualitätsmerkmale

Um beste, naturreine ätherische Öle zu gewinnen, sind verschiedene Qualitätskriterien zu beachten, wie:

- der Anbau,
- das Ernteverfahren und die Lagerung vor der Destillation,
- pflanzengerechte(r) Destillationstemperatur, -druck und -dauer,
- Behandlung und Lagerung des Endprodukts.

Der Anbau

Jede Pflanze hat ihre Heimat. Das ist, zum Beispiel, der Mittelmeerraum für den Lavendel und die Zitrusfrüchte, das ostindische Gebiet um Mysore für den Sandelholzbaum, das Sumpfgebiet im australischen Busch für Melaleuca alternifolia (Teebaum).

Die **Bodenbeschaffenheit** und die **klimatischen Verhältnisse** sind ausschlaggebend für die Duftentwicklung einer Pflanze. Am meisten beeindruckt mich der Unterschied im Duft des Myrtenöls aus der Türkei und des Myrtenöls aus dem Andengebiet in Peru. Man könnte meinen, man hätte es mit zwei vollkommen verschiedenen Pflanzen zu tun: Das eine herb, würzig, an Eukalyptus erinnernd. Das andere fast süß, wie der Geschmack von Preiselbeerkompott.

Die **Bodenbearbeitung** und die **Düngung** spielen eine sehr bedeutende Rolle: Biologisch-organischer oder biologisch-dynamischer Anbau (Warenzeichen »Demeter«) sind ein wichtiges Kriterium für **reine** ätherische Öle. Eine mit Pestiziden und Fungiziden belastete Pflanze kann kein reines Öl abgeben und belastete, ausgelaugte Böden können keine gesunden Pflanzen hervorbringen.

Das Ernteverfahren

Für die Gewinnung hochwertiger Qualität ist auch das Ernteverfahren wichtig.

Der Erntezeitpunkt bestimmt die Qualität des zu gewinnenden ätherischen Öles.

Die ätherischen Öle in der Pflanze verändern im **Jahresrhythmus** die chemischen Bausteine ihrer Duftmoleküle. Der Gehalt an ätherischem Öl verändert sich im **Tagesrhythmus**. So müssen z. B. Rosen bei Tagesanbruch geerntet werden, bevor sie ihren Duft an die Sonne verströmen. Der biologisch-dynamische Anbau berücksichtigt auch die Einflüsse des Mondes.

Bei der Wildsammlung ist zu beachten, dass ein Erhalt der Pflanze gewährleistet ist. Man spricht von **kontrollierter Wildsammlung**. Entgegen mancher verbreiteter Meinung, die die Sammlung von wildwachsenden Pflanzen verteufelt, ist es für den Fortbestand der Pflanzen oft wichtig, deren Blüten zu ernten. Bekanntestes Beispiel ist die Kamille.

Eine Kontrolle auf **Rückstände** aus der Umwelt ist für die Güte der Qualität zu berücksichtigen.

Lagerung und Transport

Das Pflanzenmaterial muss **nach** der Ernte sauber und schonend gelagert und transportiert werden, damit man beste Ölqualität erhält.

Die geernteten Pflanzen sollten schattig gelagert werden, um zu vermeiden, dass schon vor der Destillation ätherisches Öl verdampft, was die Ölausbeute verringern würde.

Pflanzen, bei denen die Öldrüsen sehr weit ausgelagert sind, wie z. B. Melisse und Muskatellersalbei, reagieren sehr empfindlich auf Regen, aber auch auf Erschütterung. Die Melisse wird daher gern auf dem Feld destilliert.

Destillationsdauer, Destillationstemperatur und Destillationsdruck

Die Faktoren leiten sich von bestimmten Kriterien ab, wie der **Physiologie** der zu destillierenden Pflanze (wo befinden sich die Ölkammern?) und dem Wissen über die **chemischen Bausteine** des zu gewinnenden Öls. Je schwerer zugänglich die Ölkammern einer Pflanze sind, desto mehr Druck ist bei der Destillation erforderlich.

Zwei Beispiele sollen die Anwendung dieser Kriterien verdeutlichen.

Die Herstellung qualitativ hochwertiger ätherischer Öle ist eine Kunst. Grundvoraussetzungen sind gesunde Pflanzen, ein optimaler Erntezeitpunkt, die Wahl des geeigneten Destillationsverfahrens sowie eine sorgfältige lagerung der Essenzen.

Die Behandlung und Lagerung des Endprodukts

Der Geruch der frischen Destillate ist nicht immer angenehm. Sie enthalten Schwebstoffe, die auch die Haltbarkeit eines ätherischen Öls oder eines Hydrolats beeinträchtigen können. Aus diesem Grund werden sie, je nach Pflanze, zwischen 48 Stunden und zwei Wochen lang **entlüftet**, das heißt in einem geöffneten Gefäß gelagert. Muskatellersalbeiöl wird ca. eine Woche, Douglasienöl wird ca. zehn Tage entlüftet.

Ätherisches Öl sollte in Glasbehältern oder spezialbeschichteten Aluminiumgefäßen gelagert werden.

Die Destillation von Muskatellersalbei

Muskatellersalbei wird im Stadium des Verblühens geerntet und maximal drei Tage auf dem Feld getrocknet. Das Pflanzenmaterial wird vorsichtig in die Alambic geladen, leicht angetreten, um das Entstehen von »Dampfkaminen« zu verhindern (Dampfkamine sind Zwischenräume im Pflanzenmaterial, durch die zu viel Dampf entweichen kann. Dadurch wird das Aroma des ätherischen Öls negativ verändert). Bei einem Druck von 50–200 g wird ungefähr 45 Minuten destilliert, um alle bekannten Inhaltsstoffe zu gewinnen.

Die Destillation von Douglasienzweigen

Das Pflanzenmaterial, das durch die Entastung von Schonungen gewonnen wird, wird in die Alambic gefüllt. Die Zweige werden gegen Kaminbildung sehr stark angepresst. Mit mittlerem Druck wird über 24 Stunden destilliert, bei dreimal zwei Stunden Dampf. Die restlichen 18 Stunden sind Ruhezeiten, in denen die Wachsschicht der Nadeln, in denen das ätherische Öl eingelagert ist, aufgebrochen wird.

Es wird richtig praktisch. Lesen Sie, was Sie beim Einkauf Ihrer aromakosmetischen Ausstattung bedenken sollten, und was es bei der praktischen Anwendung zu beachten gilt. Wie Sie für jeden Hauttyp und für jede Persönlichkeit die richtigen ätherischen Öle auswählen, wird danach beschrieben. Rezepte und viele praktische Tipps (auch für spezielle Hautprobleme) folgen.

Die Pflanzen

Ätherische Öle für Schönheit und Entspannung

Basilikum

Botanischer Name: Ocimum basilicum. Familie der Lippenblütler.
Ursprung: Asien; kultiviert in Europa (niedrigerer Phenolgehalt als bei den exotischen Varianten, z. B. Tulsi, und deshalb allgemein milder in der Wirkung.
Gewinnung: Wasserdampfdestillation des blühenden Krautes.
Aroma: Würzig, kräftig.
Hauptinhaltsstoffe: Monoterpen-Alkohole (v. a. Linalol), Phenole (Estragol, Methylchavicol).

Psychische Wirkung

Bei Antriebslosigkeit, Niedergeschlagenheit und allgemeiner Schwäche ist dieses Öl eine wahre **Energiespritze**. Es stärkt die Nerven und verleiht dem Geist Kraft und Klarheit. Es verhindert hysterische Ausbrüche. Basilikum wirkt auf unser Nervenkostüm allgemein **ausgleichend**.

Wirkung auf der Haut

Antiseptisch und **durchblutungsfördernd**.

Anwendungsbereiche

- In Meersalz- oder Ölbädern bei **kalten Füßen**.
- In Kopfhautlotionen und Shampoos bei **Haarausfall**, Schuppenbildung und schnell fettender Kopfhaut.
- In Körper- und Massageölen zur allgemeinen Erfrischung und **Aktivierung**.
- In der **Duftlampe**.

Basilikum wirkt entkrampfend, deshalb nicht in der Schwangerschaft einnehmen oder einmassieren.
Hautreizende Wirkung durch den Methylchavicol-Gehalt möglich: Empfohlene maximale Dosierung für die Anwendung auf der Haut: 0,2 %.

Benzoe Siam

Botanischer Name: Styrax tonkinensis. Familie der Styraxgewächse.
Ursprung: Java, Sumatra und Thailand.
Gewinnung: Extraktion mit Äthanol aus dem Harz.
Aroma: Vanilleartig, süß, balsamisch,warm.
Hauptinhaltsstoffe: Coniferylbenzoat, Benzoesäure, Vanillin.

Psychische Wirkung

Benzoe packt unsere Seele in Watte und lässt uns Abstand gewinnen zu den Problemen des Alltags, die in uns Stress erzeugen. Es lässt uns die Dinge aus einem anderen Blickwinkel betrachten.

Benzoe wird eine **aphrodisierende** Wirkung zugeschrieben: Es verleiht eine Leichtigkeit des Seins, die euphorisch stimmt und uns zu Genießern macht.

Wirkung auf der Haut

Benzoe wirkt auf der Haut, wenn es sehr hoch verdünnt wird, **reizlindernd, entzündungswidrig** und kann die Heilung von Wunden günstig beeinflussen.

Spröder, **trockener** Haut mit wenig Spannkraft kann Benzoe wieder zu neuer Energie verhelfen.

Benzoe ist wie ein Sonnentag am Meer!

Anwendungsbereiche

- In Körper- und Massageölen zur allgemeinen körperlichen und psychischen **Entspannung**.
- In Gesichtsölen und -cremes zur **Aktivierung** der Hautfunktionen und zur **Beruhigung** bei Ekzemen und Entzündungen.
- In der **Duftlampe.**

Benzoesäure kann bei Allergikern Hautreizungen verursachen.
Die Benzoe-Essenz entfaltet ihre Wirkung am besten in geringer Dosierung.

Bergamotte

Botanischer Name: Citrus bergamia. Kreuzung aus Limette und Pomeranze, Familie der Rautengewächse.
Ursprung: Asien; kultiviert im Mittelmeerraum. Die beste Qualität kommt aus Kalabrien.
Gewinnung: Kaltpressung aus den Schalen der unreifen Früchte.
Aroma: Fruchtig, süß mit herbem Unterton.
Hauptinhaltsstoffe: Monoterpen-Alkohole (v.a. Linalol), Kohlenwasserstoffe (z.B. Limonen) und Ester (v.a. Linalylacetat).

Psychische Wirkung

Die Wirkung der Bergamotte auf unsere Psyche ist eine allgemein **harmonisierende**. In Zeiten großer nervlicher Anspannung wirkt dieses

ätherische Öl stimmungsverbessernd. Es hilft uns, auf Ängste zuzugehen und sie loszulassen, ohne dass wir befürchten müssen, psychisch zu entgleisen.

Wirkung auf der Haut

Antiseptisch, bakterizid und **fungizid**. Bergamotteöl entspannt die Muskulatur, regt aber den Hauttonus an und hat eine **adstringierende** Wirkung auf die Porigkeit der Haut. Es kann die Keloidbildung von Narben verhindern helfen.

Außerdem hat das ätherische Öl der Bergamotte **desodorierende** Eigenschaften.

Anwendungsbereiche

- In Gesichtspflegeprodukten zur Verminderung der Talgproduktion und damit einhergehenden **Entzündungen** sowie bei **Ekzemen** und Psoriasis sehr empfehlenswert.
- Bei dem schwierigen Hautbild **Seborrhoea sicca** kann das Öl der Bergamotte gleichzeitig eine Verbesserung der starken Überverhornung und eine Reduzierung der Talgproduktion erreichen.
- Zur Behandlung von **Mykosen** der Haut, Schleimhäute und Nägel, z.B. zur Vorbeugung auch in Fußpuder, -cremes oder -bädern verarbeiten.
- In der **Duftlampe**.

Enthält Furocumarine (bis zu 0,4% Bergapten): phototoxische Wirkung.
Das Aroma der Bergamotte ist uns vom Earl-Grey-Tee her bekannt.
Die Bergamotte-Essenz enthält mehr als 300 chemische Verbindungen.

Cistrose

Botanischer Name: Cistus ladaniferus. Familie der Cistrosengewächse.
Ursprung: Kleinasien; heute charakteristisch für die Pflanzenwelt der Macchia des Mittelmeerraumes.
Gewinnung: Wasserdampfdestillation der Blätter, Zweige und des Harzes.
Aroma: Warm, würzig, balsamisch.
Hauptinhaltsstoffe: Monoterpen-Kohlenwasserstoffe und Ester.

Psychische Wirkung

Das ätherische Öl der Cistrose kann sehr tief in unsere Psyche eindringen. Dort entfaltet es seine **wärmende Wirkung** und hilft so, tiefe seelische Verletzungen aufzuarbeiten. Es öffnet auf diese Weise unser Herz für neue Empfindungen.

Cistrose kann Menschen mit verlorenem Selbstvertrauen unterstützen sich aufzurichten, den Boden unter den Füßen wiederzugewinnen und neue Kraft zu finden, den Alltag zu bewältigen.

Wirkung auf der Haut

Antiseptisch und **lymphflussfördernd**.

Außerdem wirkt das ätherische Öl der Cistrose adstringierend, tonisierend und **regulierend** auf den Hautstoffwechsel. Es kann die Heilung von Wunden fördern.

Anwendungsbereiche

- In Heilerdeauflagen bei **chronischen** Erkrankungen, v.a. Akne.
- Mit **Cistrosenhydrolat** getränkte Gaze als Auflage bei **Ekzemen** und Psoriasis.
- Im Körper- und Gesichtsöl zur **Regulierung** von o.g. Hautsymptomen und zur Anregung des Lymphflusses.
- Im Bad zur körperlichen und psychischen **Erquickung**.

Die Cistrosenessenz entfaltet erst in sehr hoher Verdünnung ihr balsamisches Aroma. Uteruswirksam: Nicht in der Schwangerschaft einnehmen oder einmassieren.

Eisenkraut (Zitronenverbene)

Botanischer Name: Lippia citriodora, Aloysia triphylla.
Familie der Eisenkrautgewächse.
Ursprung: Südamerika; kultiviert in Marokko und Frankreich.
Gewinnung: Wasserdampfdestillation aus dem Kraut.
Aroma: Zitronig-frisch, krautig.
Hauptinhaltsstoffe: Monoterpen-Aldehyde (v.a. Citral).

Psychische Wirkung

Eisenkraut **erfrischt den Geist**. Es gibt Energie und verleiht Dynamik und ist so eine Hilfe bei Müdigkeit und Apathie.

Eisenkraut hilft beim **Loslassen:** Vergangenheit bewältigen dadurch, dass man sich mit dem Geschehenen versöhnt und jedes Ding in der Schublade ablegt, in die es gehört.

Eisenkraut hilft auch, **Grenzen zu überschreiten**. So ist dieses ätherische Öl ein idealer Helfer bei Angst, die durch übermäßigen Stress entstanden ist. Es regt an, wieder zu neuen Taten zu schreiten und sich neuen Aufgaben zu stellen.

Wirkung auf der Haut

Tonisierend und **antiseptisch**.

Anwendungsbereiche

- In der **Duftlampe** bei o.g. psychischen Befindlichkeiten.
- In sehr hoher Verdünnung (unter 0,5%) im Bad oder im Massageöl, v.a. für **Fußmassagen**, die der psychischen Entspannung dienen.

Hoher Citralgehalt: Wirkt photosensibilisierend. Wirkt entspannend auf die Unterleibsorgane. Daher nicht in den ersten Monaten der Schwangerschaft einnehmen oder einmassieren.

Galbanum

Botanischer Name: Ferula gummosa. Familie der Doldenblütler.
Ursprung: Iran, Irak, Syrien, Türkei.
Gewinnung: Wasserdampfdestillation des Harzes aus der angeschnittenen Wurzel.
Aroma: Würzig, balsamisch.
Hauptinhaltsstoffe: Monoterpen-Kohlenwasserstoffe.

Psychische Wirkung

Galbanum wirkt **beruhigend** und **ausgleichend**, reduziert Ärger und Anspannung. Wenn wir uns gegen die Belastungen unserer hektischen Zeit nur noch dadurch wehren können, dass wir um uns eine Mauer ziehen und damit unsere Seele verhärten, dann ist Galbanum das richtige ätherische Öl, um wieder zu **ruhiger Gelassenheit** zurückzufinden.

Wirkung auf der Haut

Wie auf die Psyche wirkt Galbanum auch auf die Hautfunktionen **lösend**. Es lässt Verhärtungen aufbrechen, bringt latent vorhandene Talg- und Eiteransammlungen nach außen. Diese Eigenschaft macht Galbanum zu einem hervorragenden Mittel bei **Akne, Abszessen** und **Furunkeln**. Es hat gleichzeitig wundheilende Eigenschaften und kann dadurch Narbenbildung verhindern helfen.

Auch bei **trockener, atrophischer** Haut ist die Galbanumessenz sehr erfolgversprechend.

Anwendungsbereiche

- In der **Duftlampe**, vermischt mit zitronigen oder blumig-frischen Düften, zur Harmonisierung der Psyche.
- In **Heilerdeauflagen** bei eitrigen Prozessen der Haut (kann bei sehr akutem Befall **lokal** auch **pur** aufgetupft werden).
- Im **Hautöl**, zur Weiter- und Nachbehandlung der Haut, bis die Entzündung vollständig abgeklungen ist und um Narbenbildung vorzubeugen.

Nicht in der Schwangerschaft einnehmen oder einmassieren. Wirkt menstruationsfördernd.

Geranie (Rosengeranie)

Botanischer Name: Pelargonium graveolens. Familie der Storchschnabelgewächse.
Ursprung: Südafrika; kultiviert in Ägypten.
Gewinnung: Wasserdampfdestillation aus den Blättern.
Aroma: Blumig, rosenartig.
Hauptinhaltsstoffe: Monoterpen-Alkohole (v.a. Geraniol und Citronellol) und Monoterpen-Ester.

Psychische Wirkung

Geranienessenz wirkt ausgesprochen **nervenentspannend**. Sie gehört zu den antidepressiv wirkenden Ölen: Bei Niedergeschlagenheit und ängstlichem Empfinden hilft die Geranie zu beruhigen und aus dem seelischen Tief wieder herauszufinden.

Wirkung auf der Haut

Antiseptisch, **beruhigend** und **fungizid**. Außerdem finden wir bei diesem ätherischen Öl auch eine adstringierende, schmerzlindernde und die Wundheilung fördernde Wirkung.

Anwendungsbereiche

Ein absolut mildes ätherisches Öl

- In allen Hautpflegeprodukten bei **trockenen**, **juckenden** Hauterscheinungen, bei entzündeter und **gereizter** Haut.
- Zur Behandlung von und Vorbeugung gegen **Pilzerkrankungen** der Haut, z.B. in Badezusätzen und Hautlotionen.
- In der **Duftlampe** und im Massageöl zur nervlichen Entspannung.

Grapefruit (Pampelmuse)

Botanischer Name: Citrus paradisi. Familie der Rautengewächse.
Ursprung: Asien und Westindien, kultiviert in Israel, Florida und auch im Mittelmeerraum.
Gewinnung: Kaltpressung aus den Schalen.
Aroma: Fruchtig-süß.
Hauptinhaltsstoffe: Monoterpen-Kohlenwasserstoffe (v.a. Limonen), Aldehyde und Ester.

Psychische Wirkung

Das ätherische Grapefruitöl wirkt stimmungsaufhellend, euphorisierend. Es löst psychische Verkrampfungen, lässt Müdigkeit und Mattigkeit verschwinden: **Auf zu neuen Taten!**

In Verbindung mit den Essenzen aus Vetiver und Vanille ergibt sich eine Mischung, die unterstützend wirken kann bei der Therapie von Menschen, die nicht gerne essen oder ihren Körper nicht akzeptieren (z.B. Magersucht). Grapefruit macht **Lust auf Leben**, im eigentlichen und im übertragenen Sinn.

Wirkung auf der Haut

Ein Zitrusöl, das nicht phototoxisch auf der Haut wirkt.

Grapefruitöl wirkt **sanft durchblutungsfördernd**, regt den Zellstoffwechsel an und fördert die Entgiftung der Zellen. Außerdem hat es eine **anregende** Wirkung auf den **Lymphfluss** und hilft das Gewebe zu **entwässern**. Grapefruit **erfrischt** und verleiht somit dem Teint ein strahlendes Aussehen (v.a. in Verbindung mit den Essenzen aus Muskatellersalbei und Ylang-Ylang).

Anwendungsbereiche

- In Körperpackungen und Massageölen zur Behandlung von **Cellulite** (z.B. in Verbindung mit Algenessenz und Sandelholz).
- In allen Hautpflegeprodukten zur **allgemeinen** Unterstützung der Hautfunktionen.
- In Mischungen zur Behandlung von **Akne** wegen der positivierenden Wirkung auf die Psyche.
- In der **Duftlampe**.

Honigessenz

Gewinnung: Extraktion mit Äthanol aus den gefüllten Waben.
Aroma: Warm, süß mit leicht herbem Unterton.
Hauptinhaltsstoffe: Palmitinsäureester (Fettsäureester).

Psychische Wirkung

Die Honigessenz hüllt uns ein in ihr süßes Gewand und lässt uns den Ballast des Alltags für den Augenblick vergessen.

Wir können total **abtauchen**, uns aus der Realität ausklinken, wenn wir uns nach einem anstrengenden Tag ein Bad mit Honigessenz in Verbindung mit Vanille, Jasmin und Grapefruit gönnen.

Wirkung auf der Haut

Honig ist sehr **hautpflegend.** Diese Essenz wirkt aber auch **leicht anregend**, sollte daher bei sehr empfindlicher Gesichtshaut nur in sehr hoher Verdünnung angewandt werden. Außerdem wirkt Honigessenz entzündungshemmend.

Sie ist eine gute Komponente in Mischungen zur Behandlung von **Akne**: Honigextrakt kann die Psyche positiv stimulieren und den Kreislauf negativen Denkens, der vor allem die Jugend-Akne begleitet, durchbrechen.

Anwendungsbereiche

- Im Massageöl, Badezusätzen und in der Duftlampe zur **Entspannung** und Regeneration.
- In **allen** Hautpflegeprodukten (siehe o.g. Wirkungen auf der Haut).

Immortelle (Strohblume)

Botanischer Name: Helichrysum italicum. Familie der Korbblütler.
Ursprung: Östlicher Mittelmeerraum und Nordafrika; kultiviert in Italien, Spanien und Frankreich.
Gewinnung: Wasserdampfdestillation aus dem Kraut.
Aroma: Warm, holzig, erdig, würzig.
Hauptinhaltsstoffe: Monoterpen-Ester (v.a. Nerylacetat), Sesquiterpen-Kohlenwasserstoffe und regenerativ wirkende Diketone.

Psychische Wirkung

Immortelle **löst innere Verspannungen** und fördert dadurch die innere Ruhe.
Jedoch ist das Immortellenöl **keine** harmlose Essenz. Sie kann die Traumtätigkeit verstärken und uns über die Schwellen der Türen zu unserem Unterbewusstsein tragen, die wir eigentlich fest verschlossen halten, weil uns die Erinnerung an die Erlebnisse, die dahinter eingesperrt sind, zu sehr in Aufruhr und Angst versetzen würde.

Wirkung auf der Haut

Antibakteriell, antiviral, lymphflussstimulierend. Darüber hinaus wirkt das ätherische Immortellenöl entzündungshemmend, fungizid, adstringierend, wundheilungsfördernd und verstärkt die Entgiftungsfunktion der Lymphe.
Es kann die Bildung von **Hämatomen verhindern**, wenn es sofort nach der Verletzung (Prellung, Stauchung), in diesem Fall **unverdünnt**, aufgetragen wird.

Anwendungsbereiche

- Im Gesichtsöl und in Heilerdeauflagen bei allen **entzündlichen** Prozessen der Haut, bei **Ekzemen**, Psoriasis und Neurodermitis.
- In After-Sun-Produkten zur Linderung, v.a. bei **Sonnenbrand**.
- Im **Meersalzbad** bei allen genannten Hautleiden. (Zur Blutreinigung kann zusätzlich Immortellen-Tee getrunken werden.)

Nur in der Duftlampe verwenden, wenn psychotherapeutisch begleitet wird, oder wenn der Verwender viel Erfahrung mit Selbstreflexion hat.

Jasmin

Botanischer Name: Jasminum officinalis var. grandiflorum und Jasminum Sambac. Familie der Ölbaumgewächse.
Ursprung: China, Nordindien und Westasien; kultiviert in Ägypten, Marokko, Algerien.
Gewinnung: Extraktion mit Lösungsmitteln (Absolue) aus den Blüten.
Aroma: Blumig, honigartig, u.U. leicht animalischer Unterton.
Hauptinhaltsstoffe: Monoterpen-Ester (v.a. Benzylacetat), Alkohole und Jasmon (mildes Keton).

Jasminöl bewirkt im Thalamus die Ausschüttung von Enkephalinen und in der Hypophyse die Ausschüttung von Endorphinen.

Somit verleiht uns Jasmin Lebensfreude pur!

Es kann durch seine **euphorisierenden** Eigenschaften seelische und sexuelle Blockaden lösen. Es unterstreicht die femininen Anteile im Menschen und regt die Lust zum sinnlichen Empfinden an.

Wirkung auf der Haut

Antiseptisch, zellerneuernd, gewebestärkend. Außerdem wird dem ätherischen Jasminöl eine hormonstimulierende und reizlindernde Wirkung zugeschrieben.

Anwendungsbereiche

- In der **Duftlampe**, im Badezusatz und Körpermassageöl um o.g. psychische Wirkung zu erreichen.
- In allen Hautpflegeprodukten bei **trockener, empfindlicher, entzündeter** und gereizter Haut; bei **atrophischer** Haut im Klimakterium oder aufgrund von starkem psychischen Stress entstanden (z.B. nach Tod des Lebenspartners).

Narkotisierende (stark beruhigende) Eigenschaften! Maximale empfohlene Dosierung im Massageöl: 0,2 %.

Kamille römisch

Botanischer Name: Chamaemelum nobile; Anthemis nobilis. Familie der Korbblütler.
Ursprung: Süd- und Westeuropa; kultiviert in Italien und Frankreich.
Gewinnung: Wasserdampfdestillation aus den Blüten.
Aroma: Süßlich, krautig, warm.
Hauptinhaltsstoffe: Monoterpen-Ester (v.a. Angelikasäure- und Tiglinsäure-Ester), Pincarvon (mildes Keton) und Chamazulen.

Psychische Wirkung

Das ätherische Öl aus der römischen Kamille bewirkt in einem unserer Gehirnzentren die Ausschüttung von Serotonin. Deshalb besticht diese Essenz durch eine **harmonisierende** und **positivierende** Wirkung. Sie macht die Menschen **flexibel**, kann cholerischen Ausbrüchen vorbeugen.

Sie **besänftigt** bei Überempfindlichkeit, vertreibt ängstliches Bangen, indem sie die Nerven stärkt. Wenn uns »etwas auf den Magen schlägt«, »eine Laus über die Leber läuft«, »die Faust im Nacken sitzt« oder wir etwas »im Kopf nicht aushalten« verhilft uns diese Essenz zu **Entspannung** und **Gelassenheit**.

Wirkung auf der Haut

Reizlindernd und **entzündungshemmend**, ausgleichend, die Wundheilung fördernd.

Anwendungsbereiche

- In Pflegeprodukten für die Gesichtshaut bei **Erythemen**, entstanden durch nervöse Unruhe und bei **entzündlichen** Prozessen.
- Gaze getränkt mit **Kamillenhydrolat** zur Auflage bei juckenden **Ekzemen**.
- Im Massageöl zur Entspannung bei **allgemeiner** Anspannung und Nervosität, auch im Badezusatz.
- In Kopfhautlotionen bei **juckender Kopfhaut.**
- In After-Sun-Lotionen zur Linderung bei **Sonnenbrand**.

Gilt als Antidot zu homöopathischen Mitteln. Vorsicht bei Azulen-Unverträglichkeit. Kamillenhydrolat kann die Schleimhäute der Augen reizen.

Koniferen (Kieferngewächse)

Fichte (Picea obovata), **Kiefer** (Pinus silvestris), **Latschenkiefer** (Pinus mugo), **Riesentanne** (Abies grandis), **Weißtanne** (Abies alba), **Zirbelkiefer** (Pinus cembra) und

Douglasie

Botanischer Name: Pseudotsuga menziesii. Familie der Kieferngewächse.
Ursprung: Europa, Nordamerika; kultiviert in Frankreich und Italien.
Gewinnung: Wasserdampfdestillation der Zweige.
Aroma: Frisch, waldig, weich, zitroniger Unterton.
Hauptinhaltsstoffe: Monoterpen-Kohlenwasserstoffe.

Psychische Wirkung

Alle Koniferen, stellvertretend hier die Douglasie, besitzen die Eigenschaft, unseren **Atemreflex** zu vertiefen. Das Einatmen dieser Essenz wirkt auf uns wie ein **Waldspaziergang**: Die Lungen werden frei, die Muskulatur entspannt sich, wir lassen die Anspannung los, können uns aufrichten und entledigen uns von der Last des Alltagsstresses.

Wirkung auf der Haut

Anregend auf den Hautstoffwechsel, **klärend**, reinigend und **entspannend** auf die Muskulatur, **desodorierend**.

Anwendungsbereiche

- In der **Duftlampe**, im Badezusatz, in Dampfbädern, im Vapozongerät des Kosmetikinstitutes und im Kompressenwasser, zur Regeneration der Atmungsorgane.
- Im **Körpermassageöl** zur Entspannung der Muskulatur.
- In Gesichtspflegeprodukten zur Klärung einer **schlecht durchbluteten, verstopften** Haut.
- In Kopfhaut- und Haarpflegeprodukten zur Durchblutung des Haarbodens bei **fetten Schuppen**.
- In **Deodorants**.

Über das Vapozongerät verabreicht, wirkt Douglasienessenz sehr entspannend.
Kann hautreizend wirken: Vorsichtig dosieren, v. a. bei Gesichtsmassagen.

Koriander

Botanischer Name: Coriandrum sativum. Familie der Doldenblütler.
Ursprung: Asien und Westeuropa.
Gewinnung: Wasserdampfdestillation der reifen Samen.
Aroma: Holzig-würzig, süß, warm, erotisch.
Hauptinhaltsstoffe: Monoterpen-Alkohole (v.a. Linalol) und -Kohlenwasserstoffe (z.B. Limonen).

Psychische Wirkung

Die Korianderessenz ist ein absolutes **Antistressmittel**.

Sie wirkt ausgleichend, wenn wir gereizt sind, uns die Dinge über den Kopf zu wachsen drohen.

Koriander stimuliert unser Bedürfnis nach körperlicher Zuwendung.

Wirkung auf der Haut

Tonisierend, fungizid, vitalisierend. Außerdem hat Koriander entzündungshemmende und trocknende Eigenschaften.

Anwendungsbereiche

- Im Körpermassageöl, im Badezusatz und in der Duftlampe bei **nervöser Erschöpfung** und allgemeiner Lustlosigkeit.
- In Hautpflegeprodukten bei **schlechtem Hauttonus** und zur Vorbeugung von **Hautmykosen**.
- **Fahlem Teint** gibt Koriander sein frisches Aussehen zurück, z.B. in Verbindung mit Neroli und Grapefruit.

Wirkt in hohen Dosen schlaffördernd: Vorsicht bei Massagemischungen. Stimuliert die Unterleibsorgane: Nicht in der Schwangerschaft einnehmen oder einmassieren.

Lavendel (Lavendel extra, Lavendel fein)

Botanischer Name: Lavandula officinalis, Lavandula vera, Lavandula angustifolia. Familie der Lippenblütler.
Ursprung: Mittelmeerraum; beste Qualitäten aus Frankreich und Italien; Lavendel extra wächst wild im Hochgebirge der Provence.
Gewinnung: Wasserdampfdestillation der ganzen Pflanze.
Aroma: Frisch, würzig, blumig-krautig.
Hauptinhaltsstoffe: Monoterpen-Alkohole (v.a. Linalol) und -Ester (v.a. Linalylacetat); je nach Lavendelart bis zu 200 verschiedene Inhaltsstoffe!

Psychische Wirkung

Lavendel verfügt über eine ausgesprochen **harmonisierende** Wirkkraft. Bei Nervosität und dadurch verursachten Schlafstörungen, wenn uns die Gedanken nicht loslassen, sagt uns der Lavendel: **Datei schließen**! Bei Angst und Niedergeschlagenheit und auch bei Überreiztheit beruhigt er uns, aber er behält immer einen kleinen Kick zur Aktivität: **Eile mit Weile**.

Wirkung auf der Haut

Ausgleichend, beruhigend, zellerneuernd, fungizid.

Ätherisches Lavendelöl kann außerdem helfen, die Haut zu entstauen, es hat eine milde durchblutungsfördernde Eigenschaft, löst Verspannungen und desodoriert. Es fördert die Heilung von Wunden, **lindert sofort** den Schmerz bei Verbrennungen und den Juckreiz bei Insektenstichen.

Anwendungsbereiche

- In Gesichtspflegeprodukten bei allen Formen von **trockener** und **entzündeter** Haut, bei Couperose und Furunkeln.
- In Fußpflegepräparaten zur Beseitigung von **Mykosen** oder zur Prophylaxe.
- In Haarpflegeprodukten bei **Haarausfall** und **Schuppenbildung**.
- Lavendelhydrolat als Auflage bei **Stauungen** an den Augen.
- In der Duftlampe, im Badezusatz und im Körpermassageöl zur **psychischen** Entspannung.

Lavandin (Lavandula hybrida) ist kampferhaltig und wirkt daher eher anregend als beruhigend. Ätherisches Lavendelöl ist durch das breite Spektrum seiner Wirkung mit Sicherheit dem ätherischen Öl aus den Teebaum-Arten Melaleuca alternifolia und Leptospermum scoparium gleichzusetzen: in Mischung optimale synergistische Eigenschaften.

Lorbeer

Botanischer Name: Laurus nobilis. Familie der Lorbeergewächse.
Ursprung: Mittelmeerraum.
Gewinnung: Wasserdampfdestillation der Blätter.
Aroma: Würzig, mild, leicht süß.
Hauptinhaltsstoffe: Monoterpen-Alkohole (v.a. Linalol), -Ester, -Kohlenwasserstoffe (v.a. Pinen), Oxide, Eugenol und schleimlösende Lactone.

Lorbeer macht schwer Verdauliches verdaulicher!

Psychische Wirkung

Lorbeer kann helfen, Grenzen zu überschreiten und eine neue Zielrichtung zu finden, indem er uns die Angst überwinden hilft, auf Neues zuzugehen. Diese Essenz ist ein ausgesprochenes **Nerventonikum**, sie lässt uns Kraft schöpfen.

Wirkung auf der Haut

Lymphflussfördernd. Das ätherische Öl des Lorbeerbaumes stärkt die Kapillargefäße und vermindert den Blutandrang. Es tonisiert die Muskulatur.

Anwendungsbereiche

- Im Körpermassageöl zum Lösen von Verspannungen der Muskulatur, bei Stauungen im Gewebe und zur **Stimulierung des hauteigenen** Immunsystems.
- In der **Duftlampe** und im Badezusatz zur Unterstützung o.g. psychisch wirkender Eigenschaften.

- In Gesichtspflegeprodukten in **sehr geringer** Dosierung bei **Teleangiektasien** (z. B. in Verbindung mit Pomeranze und Lavendel).
- Im **Fußbad** bei geschwollenen Füßen nach Überanstrengung.
- Lorbeerhydrolat als Auflage bei **Stauungen** an den Augen.

Das im Lorbeeröl enthaltene Methyleugenol hat einschläfernde Wirkung und kann Dermatitis hervorrufen: Gering dosieren!

Magnolienblüte (Champaca absolue)

Botanischer Name: Michelia champaca.
Ursprung: Indien und China. Familie der Magnoliengewächse.
Gewinnung: Wasserdampfdestillation der Blüten.
Aroma: Blumig, schwer.
Hauptinhaltsstoffe: Monoterpen-Ester und -Oxide.

Psychische Wirkung

Die Magnolie gibt ein sehr **beruhigendes** ätherisches Öl ab. Es ist von den Inhaltsstoffen her dem Ylang-Ylang-Öl ähnlich.

Sich fühlen wie unter Palmen in der Südsee!

Die Magnolie öffnet uns für Liebe und Zärtlichkeit, deshalb ein hervorragend geeignetes Öl für alle **Workaholics**.

Wirkung auf der Haut

Das ätherische Öl aus der Magnolienblüte wirkt **ausgleichend**.

Es ist besonders geeignet bei **gestresster** Haut, die oft hypersensibel reagiert und zu Irritationen neigt.

Anwendungsbereiche

- Dieses ätherische Öl eignet sich in **allen Pflegeprodukten**, vor allem im Gesichts- und Körpermassageöl und auch im Badezusatz oder in der Duftlampe, um die Psyche und den Körper zu **entspannen**.

Melisse (Zitronenmelisse)

Botanischer Name: Melissa officinalis. Familie der Lippenblütler.
Ursprung: Mittelmeerraum.
Gewinnung: Wasserdampfdestillation des Krautes (7000 kg Pflanzenmaterial ergeben 1 kg Öl).
Aroma: Zitronig, mild.
Hauptinhaltsstoffe: Monoterpen-Aldehyde (v.a. Citronellal, Neral), Sesquiterpene (v.a. Caryophyllen).

Psychische Wirkung

Die Melissenessenz ist eines der stärksten **Nerventonika** unter den ätherischen Ölen.
Es kann Verspannung und Verkrampfung der Psyche herabsetzen und dadurch die **Stimmung heben**, bei gleichzeitig **sedativer** Wirkung. Das bedeutet, Melisse harmonisiert, hilft sogar bei panikartigen Zuständen, dämpft die Nervosität, lässt aber das betroffene Individuum in einer wachen psychischen Verfassung. Diese Eigenschaft verbindet die Melisse mit dem Lavendel. Ein hervorragendes Beruhigungsmittel, das weder abhängig noch bewegungsunfähig macht, ist eine synergetische Mischung aus Lavendel und Melisse (als Melisse 30% im Handel).

Wirkung auf der Haut

Ausgleichend, entzündungshemmend, außerdem antiallergisch. Durch ihre stimulierende, regulierende Wirkung auf das vegetative Nervensystem hinterlässt diese Essenz einen verjüngenden Eindruck auf unserer Haut. Wahrlich ein Elixier für **müde, gestresste, übersensible, aus dem Gleichgewicht geratene Haut.**

Anwendungsbereiche

- In der **Duftlampe.**
- Im **Badezusatz** zur Entspannung der Nerven.
- Im Massageöl für den ganzen Körper, oder bei Nervosität zur Massage des **Solarplexus** oder der **Füße.**
- Im **Gesichtsmassageöl** oder in Gesichtspflegeprodukten bei allen o.g. Hautsymptomen.
- **Melissenhydrolat** als Gesichtswasser bei irritierter, nervöser, entzündlicher Haut.

Vorsicht: Melisse indicum ist kein echtes Melissenöl, sondern das ätherische Öl aus dem Citronellagras (Cymbopogon nardus), das ähnliche chemische Bausteine aufweist.

Mimose (Echte Akazie)

Botanischer Name: Acacia dealbata. Familie der Mimosengewächse.
Ursprung: Australien; kultiviert in Europa.
Gewinnung: Hexanauszug aus den Blüten (Absolue).
Aroma: Warm, blumig, süß, erinnert an Bananen.
Hauptinhaltsstoffe: Sesquiterpen-Kohlenwasserstoffe, verschiedene Säuren und Phenole.

Psychische Wirkung

Genieße den Tag!

Mimose ist ein gutes Mittel gegen Überreiztheit, Empfindlichkeit, Grübeln, Pessimismus und Ängstlichkeit.

Mimose lockt uns aus unserem Schneckenhaus und verhilft uns zu mehr Lebensfreunde.

Wirkung auf der Haut

Antiseptisch und **adstringierend**.

Anwendungsbereiche

- In **Körperpflegeprodukten** und im **Badezusatz** zum Verwöhnen von Haut und Psyche.
- In Gesichtspflegeprodukten gegen **Akne** wegen der spezifischen Wirkung auf die Haut aber vor allem wegen der psychisch wirkenden Eigenschaften: Menschen mit kranker Haut verkriechen sich gerne, sind empfindlich wie Mimosen!

Muskatellersalbei

Botanischer Name: Salvia sclarea. Familie der Lippenblütler.
Ursprung: Mittelmeerraum.
Gewinnung: Wasserdampfdestillation der blühenden, getrockneten Pflanze.
Aroma: Warm, erdig, süß.
Hauptinhaltsstoffe: Monoterpen-Ester (v.a. Linalylacetat), Monoterpen-Alkohole (z.B. Linalol) und Sclareol, das dieser Essenz eine **östrogenähnliche** Komponente verleiht.

Psychische Wirkung

Genauso wie das ätherische Jasminöl bewirkt die Muskatellersalbeiessenz in den dafür vorgesehenen Gehirnzentren die Ausschüttung von Endorphinen und Enkephalinen. Dadurch wirkt der Muskatellersalbei **inspirierend, euphorisierend** und **aphrodisierend**. Auf diese Weise kann er auch stressbedingte Beziehungsschwierigkeiten lösen helfen.

Verbrauchte Energie zurückbringen, ist seine Devise. Er ist ein lustiger Geselle, ein Luftikus, den es freut, wenn die Menschen entspannt, fröhlich und gelassen sind.

Wirkung auf der Haut

Klärend, antiseptisch und desodorierend. Auch hier kommt die energetisierende Wirkung der Essenz zum Tragen: Nach einer Massage mit Muskatellersalbeiöl wirkt das Gesicht sehr entspannt und **verjüngt**. Durch seine östrogenähnlichen Komponenten kann es Hilfe sein bei einem **atrophischen** Hautbild im Klimakterium oder auch bei Atrophie der Haut, verursacht durch große psychische Belastung.

Anwendungsbereiche

- In der **Duftlampe**, im **Massageöl** oder im **Badezusatz** zur aktiven Entspannung der Psyche (hervorragend in Verbindung mit Jasmin und Grapefruit).
- In **Gesichtspflegeprodukten** zur Regulierung der Talgsekretion, um Entzündungen zu beheben oder ihnen vorzubeugen, zur Belebung eines müden Teints.
- In **Deodorants** und in **Fußpflegeprodukten**.

Wirkt entkrampfend auf die Unterleibsorgane: Nicht in der Schwangerschaft einnehmen oder einmassieren!

Myrte

Botanischer Name: Myrtus communis. Familie der Myrtengewächse.
Ursprung: Nordafrika, Südamerika; kultiviert im Mittelmeerraum.
Gewinnung: Wasserdampfdestillation aus den Blättern und blühenden Zweigspitzen.
Aroma: Frisch, süß-krautig.
Hauptinhaltsstoffe: Monoterpen-Oxide (v. a. 1,8-Cineol), Monoterpen-Ester (v. a. Myrtenylacetat), Monoterpen-Alkohole (v. a. Linalol, Geraniol), Monoterpen-Kohlenwasserstoffe und Lactone.

Psychische Wirkung

Die Myrte war in unserem Kulturkreis schon immer ein **Reinheitssymbol**. Das Tragen der Myrte im Brautkranz sollte die Keuschheit der Braut unterstreichen.

Die **reinigende** Wirkung der Myrte im Atemwegsbereich kann übertragen werden auf die Psyche. Die Myrtenessenz **löst** tiefe innere **Disharmonie**, wobei sie nicht aggressiv vorgeht, unerbittlich, wie etwa die Immortelle, sondern sanft, indem sie uns **öffnet** für Mitgefühl, universelle Liebe und die Wahrnehmung für die Schönheit der Dinge, die uns umgeben.

Wirkung auf der Haut

Antiseptisch, tonisierend und entgiftend, indem die Myrtenessenz den **Hautstoffwechsel anregt**. Myrtenöl wirkt außerdem desodorierend.

Schon im 16. Jahrhundert war das **Engelswasser** bekannt, eine Hautlotion, die mit dem heutigen **Myrtenhydrolat** gleichgesetzt werden kann (s. S. 88)

Anwendungsbereiche

- In allen Gesichtspflegeprodukten für **entzündete, fettige, grobporige** und **gestaute** Haut. Schlecht durchbluteter Haut aufgrund von starkem Nikotinkonsum gibt die Myrte ein frischeres Aussehen: Sie nimmt den grauen Schleier fort und lässt den Teint **reiner** erscheinen (z. B. in Mischung mit Zitrone und Muskatellersalbei).
- In **Deodorants**.
- In Massagecremes oder Körperlotionen zur Behandlung von **Cellulite**.

Die Myrte aus Peru/Anden ist sehr mild und eher süß, während die Myrte aus Marokko oder der Türkei eher frisch ist und an Eukalyptus erinnert.

Neroli bigarade (Orangenblüte)

Neroli bigarade wird aus der **Bitterorange** gewonnen und ist hochwertiger für die Aromatherapie als Neroli Portugal, gewonnen aus der Apfelsine.

Botanischer Name: Citrus aurantium var. amara. Familie der Rautengewächse.
Ursprung: China; kultiviert in Marokko und Sizilien.
Gewinnung: Wasserdampfdestillation der Blüten. Wasserdampfdestillation aus den Blättern und Zweigen = **Petit grain**; Kaltpressung aus den Schalen der Frucht = **Pomeranze** (Bitterorange).
Aroma: Blumig-süß, herber schwerer Unterton.
Hauptinhaltsstoffe: Monoterpen-Alkohole (v. a. Linalol), Monoterpen-Ester (v. a. Linalylacetat), Monoterpen-Kohlenwasserstoffe und Jasmon (mildes Keton).

Psychische Wirkung

Neroli besticht vor allem durch seine Wirkung auf die Psyche. Es zählt zu den stärksten **antidepressiv** wirkenden ätherischen Ölen. Es regt im Gehirn die Produktion von Serotonin an und stimmt somit **euphorisch**. Es **entspannt, beruhigt** und **harmonisiert** uns, wenn wir Stress, Ärger oder Angst haben, wenn wir gereizt oder ohnmächtig vor Zorn oder Kummer sind. Außerdem ist Neroli ein sehr starkes **Aphrodisiakum**. **Dünnhäutigen** Menschen kann es Selbstvertrauen schenken und **dickhäutigen** Menschen kann es helfen, sich zu öffnen für die eigene Verletzlichkeit und die der Umgebung.

Wirkung auf der Haut

Die Neroliessenz wirkt **anregend** auf das Zell- und Gewebewachstum, **fördert** die Heilung von Wunden, **regt den Hauttonus an** und **kräftigt** die Kapillargefäße. Aufgrund seines Estergehaltes wirkt es außerdem **fungizid**.

Anwendungsbereiche

- In der Duftlampe, im Badezusatz, im Massageöl (sehr gut für Partnermassage!), im Kompressenwasser, um die o.g. **psychische Wirkung** zu erreichen. Oder auch auf ein Taschentuch geträufelt als **Notfallöl**.
- Im **Vapozon** (Petit-grain oder Pomeranze ist allerdings besser geeignet, da Neroli sehr stark narkotisierend wirkt).
- In allen Hautpflegeprodukten bei **jeder**, vor allem aber bei **reifer**, atrophischer, sensibler, irritierter Haut, bei **Teleangiektasien** und bei **Couperose**.

Petit-grain- und Pomeranzenöl (phototoxische Eigenschaften) enthalten ähnliche Wirkstoffe, aber bei weitem nicht in so ausgeglichener Weise wie die Neroliessenz.
Neroli ist also für die aromakosmetische Anwendung den beiden anderen vorzuziehen!

Orange süß (Apfelsine)

Botanischer Name: Citrus sinensis. Familie der Rautengewächse.
Ursprung: China; kultiviert im Mittelmeerraum.
Gewinnung: Kaltpressung aus den Schalen.
Aroma: Frisch, fruchtig-süß.
Hauptinhaltsstoffe: Monoterpen-Kohlenwasserstoffe (v.a. Limonen), Monoterpen-Alkohole und Säuren.

Psychische Wirkung

Orange, das ist **Kindheitserinnerung**: Kalter Winter, Tannenbaum, Tee und Plätzchen. Das ist aber auch Gedanken an den **Urlaub** im Süden: Sonne, Erholung, Orangeneis.

Die Orangenessenz steht immer in Verbindung mit den Begriffen Heiterkeit, Sinnlichkeit, Wärme und Wohlgefühl. Es vertreibt die **Traurigkeit**, macht neugierig auf Neues, stimmt uns versöhnlich.

Wirkung auf der Haut

Ätherisches Orangenöl regt den Lymphfluss an und wirkt stärkend auf das Zellgewebe:

Diese Essenz kann Entzündungen hemmen, Verhornungen lösen und regt auf sanfte Art die Durchblutung in den Kapillargefäßen an.

Orangenöl gegen Orangenhaut (Cellulite)!

Alles auf einen Nenner gebracht, kann man sagen: Das ätherische Orangenöl hat klärende Eigenschaften, es macht müde Häute munter!

Anwendungsbereiche

- In allen Gesichtspflegeprodukten für **fette, unreine, entzündete** Haut, bei **Hyperkeratose, Raucherhaut** und **Ödemen**.
- Im Badezusatz, Duschgel, Massageöl, in Körperpackungen zur Behandlung von **Cellulite** (z.B. in Mischung mit Algenessenz, Brennnesselessenz, Zypresse, Grapefruit).
- In Haarpflegeprodukten zur Beseitigung von **fettigen Schuppen**.

Enthält Bergapten wie das Bergamotte-Öl, deshalb möglicherweise photosensibilisierende Wirkung.

Pfefferminze (Mentha piperita)

Diese auch als Tee- oder Hausminze bekannte Minzeart kann bis zu 80% Menthol und bis zu 30% Menthon und andere Ketone enthalten. Sie wirkt daher sehr kühlend und aktivierend, entzündungshemmend, zellerneuernd, antibakteriell und antimykotisch.

Sie eignet sich sehr gut für **muskelentspannende** Massagen und in **Heilerdeauflagen** bei Akne.

Die geeignetere Minzeart für kosmetische Anwendungen, weil **ketonfrei** und absolut **hautfreundlich**, ist aber die Bergamottminze.

Bergamottminze (Zitronenminze)

Botanischer Name: Mentha citrata, natürliche Kreuzung aus anderen Minzearten (Hybride). Familie der Lippenblütler.
Ursprung: Europa; kultiviert in Frankreich.
Gewinnung: Wasserdampfdestillation des Krautes.
Aroma: Frisch, minzig-süß, mild.
Hauptinhaltsstoffe: Monoterpen-Alkohole (v.a. Linalol), Monoterpen-Ester (v.a. Linalylacetat) und Monoterpen-Oxide (z.B. Cineol).

Psychische Wirkung

Dieses noch wenig bekannte ätherische Öl ist von den Inhaltsstoffen her ähnlich dem Lavendel, aber frischer aufgrund des Oxidgehaltes. Es ist eine Essenz gegen **psychisch bedingte Bauchschmerzen**.

Wirkung auf der Haut

Die Bergamottminze ist sehr stark **keimtötend** und wirkt **stimulierend** auf unser hauteigenes Immunsystem. Sie hat **antimykotische** Eigenschaften, **lindert Juckreiz** und wirkt **entzündungshemmend**.

Anwendungsbereiche

- In der **Duftlampe**, im **Badezusatz**, in Mischungen zur **Massage der Füße** und/oder des **Solarplexus** bei Angst, Nervosität, psychischer Verkrampfung.

- In **Gesichtspflegeprodukten** bei entzündeter, schlecht durchbluteter, gestauter, aber auch sensibler, irritierter Haut.
- In **Fußpflegeprodukten** bei Pilzbefall oder zur allgemeinen Erfrischung bei müden Füßen und Beinen.
- In **Haarpflegeprodukten** zur Milderung von Juckreiz der Kopfhaut und Schuppenbildung.

Die Poleiminze (Mentha pulegium) wirkt sehr hautreizend und kann eine Fehlgeburt auslösen: Deshalb immer die botanische Bezeichnung beachten!
Ätherisches Minzeöl (Mentha piperita) gilt als Gegenmittel zu homöopathischen Medikamenten.

Rose (Damaszenerrose)

Botanischer Name: Rosa damascena und Rosa damascena var. alba (weiße Rose aus Bulgarien). Familie der Rosengewächse.
Ursprung: Orient; kommt heute v.a. aus Marokko, Bulgarien und der Türkei (biologischer Anbau).
Gewinnung: Wasserdampfdestillation aus den im Morgengrauen geernteten Blüten.
Aroma: Blumig, tief, schwer, würziger Unterton.
Hauptinhaltsstoffe: Monoterpen-Alkohole (v.a. Citronellol, Geraniol und Nerol), Rosenoxide und Rosenketone (mild).

Psychische Wirkung

Rosenöl ist eine Essenz, die **Grenzen überschreiten** hilft. So wird sie sowohl in der Geburtshilfe als auch in der Sterbebegleitung eingesetzt. Sie ist ein **Trostspender**, ein ätherisches Öl, das uns trauern hilft, indem es uns mit dem Geschehenen versöhnt.

Es öffnet uns dafür, **Liebe** zu empfangen und zu geben und **Mitgefühl** zu empfinden. Eingebettet in den betörenden Duft der Rose können wir uns dem Leben **anvertrauen ohne Angst**. Ätherisches Rosenöl kann schlaffördernd wirken, indem es die **Nerven beruhigt**.

Wirkung auf der Haut

Die Rose ist von jeher ein **Symbol für Schönheit**. Sie vereinigt Yin und Yang (frauliches und männliches Prinzip) in sich, lockt mit zarter Blüte und wehrt sich mit spitzen Stacheln. Diese **Harmonie** in der Gestalt und im Wesen ist das, wonach die Menschen streben:

Schön wie eine Rose sein.

Rosenöl wirkt vor allem **tonisierend** auf die Gefäße und **fördert** das Wachstum neuen Gewebes, **harmonisiert** das Hautrelief, **lindert** Rötungen und Reizungen und **hemmt** Entzündungen.

Anwendungsbereiche

- In allen Hautpflegeprodukten bei **jeder** Haut und im besonderen bei o.g. angezeigten Indikationen.
- In der Duftlampe, im Bad, im Massageöl, im Kompressenwasser zum **Entspannen** und **Verwöhnen**.

Narkotisierende Eigenschaften, deshalb immer gering dosieren: ca. 0,2%.
Echtes Rosenöl aus Wasserdampfdestillation weist mehr als 400 chemische Bausteine auf: Es ist eines der wirksamsten Öle in der Aromatherapie!

Rosenholz

Botanischer Name: Aniba rosaeodora. Familie der Lorbeergewächse.
Ursprung: Amazonasgebiet: Tropisches Holz; im Handel wird Rosenholzöl aus kontrollierter Wildsammlung angeboten.
Gewinnung: Wasserdampfdestillation aus den Holzspänen.
Aroma: Holzig-blumig, balsamisch.
Hauptinhaltsstoffe: Monoterpen-Alkohole (bis zu 97% Linalol), Monoterpen-Aldehyde, Monoterpen- Kohlenwasserstoffe und Monoterpen-Oxide.

Psychische Wirkung

Der äußerst hohe Linalolgehalt macht diese Essenz zu einem starken Nerventonikum. Sie baut uns auf bei Niedergeschlagenheit und nervöser Erschöpfung und hilft uns zu entspannen.

Wirkung auf der Haut

Ätherisches Rosenholzöl **beruhigt** die Haut und **erfrischt** und **entspannt** die Gesichtsmuskulatur. Außerdem wirkt es **fungizid** und **entzündungshemmend**.

Anwendungsbereiche

- In allen Hautpflegemitteln für **jede** Haut – diese Essenz gibt einer Mischung immer den besonderen Kick!

- In der **Duftlampe**, vor allem zum Entspannen (z.B. gemischt mit Honig, Vanille und Orange)

Rosenholz steht wegen der Rodung der tropischen Regenwälder immer in der Kritik! Wie oben erwähnt, gibt es auch Qualitäten aus kontrollierter Wildsammlung. Wer dennoch Bedenken hat, dieses ätherische Öl zu verwenden, kann auf das Ho-Blätter-Öl oder das Linaloeholzöl zurückgreifen.
Die Inhaltsstoffe der beiden genannten Öle sind ähnlich dem Rosenholzöl, dessen Zusammensetzung jedoch macht es zu einer ganz besonderen Essenz für die Aromakosmetik.

Rosmarin

Botanischer Name: Rosmarinus officinalis. Familie der Lippenblütler.
Chemotypen: Rosm. off. var. cineoliferum, Rosm. off. var. camphoriferum, Rosm. off. var. verbenon (verschiedene Rosmarinunterarten).
Ursprung: Mittelmeerraum; kultiviert in Frankreich, Spanien, Italien.
Gewinnung: Wasserdampfdestillation des Krautes.
Aroma: Je nach Chemotyp mehr oder weniger frisch, krautig, kampferartig, holzig.
Hauptinhaltsstoffe: Je nach Chemotyp 12–50 % 1,8 Cineol (Oxid), 7–28 % Kampferketone, 25–54 % Monoterpen-Kohlenwasserstoffe, 5–10 % Monoterpen-Alkohole, 1–10 % Monoterpen-Ester, 1–4 % Sesquiterpen-Kohlenwasserstoffe.

Psychische Wirkung

Rosmarin ist ein **Muntermacher**, da er die Produktion von Noradrenalin anregt. Er fördert die Konzentration, wirkt immunstimulierend, erfrischt bei geistiger Müdigkeit und rüttelt uns auf bei Trägheit und Antriebsschwäche. Das ätherische Öl des Rosmarin verbenon fördert außerdem die **Kraft der inneren Mitte**.

Wirkung auf der Haut

Anregend auf die Hautfunktionen, **entzündungshemmend**, **durchblutungsfördernd**, **stärkend**.

Anwendungsbereiche

- In Gesichtspflegeprodukten bei **Akne** und **Raucherhaut**.
- Im Massageöl bei **kalten Füßen**, **Muskelverspannungen** (sehr gut in Johanniskrautöl) und zur **Vorbeugung** gegen Krampfadern (z. B. gemischt mit Zitrone und Wacholder).
- In Haarpflegeprodukten zur besseren **Durchblutung** und **Entgiftung** des Haarbodens bei Haarausfall und fetter Kopfhaut mit Schuppenbildung.
- In der Duftlampe zur **Anregung** der geistigen Kräfte, wirkt auch luftreinigend.

Rosmarin cineol und Rosmarin kampfer nicht bei Neigung zu Epilepsie verwenden! Nicht in der Schwangerschaft einnehmen oder einmassieren. Rosmarin verbenon ist die Essenz mit dem niedrigsten Anteil an neurotoxischen und hautreizenden Stoffen und mit dem höchsten Anteil an hautpflegenden Stoffen. Deshalb ist es für die Aromakosmetik das idealere ätherische Öl.

Sandelholz (Weißes Sandelholz)

Botanischer Name: Santalum album. Familie der Sandelholzbaumgewächse.
Ursprung: Mysore, Indien.
Gewinnung: Wasserdampfdestillation des geraspelten Holzes.
Aroma: Balsamisch, holzig, warm, samtig.
Hauptinhaltsstoffe: Sesquiterpen-Alkohole (bis zu 95 % Santalol) und Sesquiterpen-Kohlenwasserstoffe.

Psychische Wirkung

Es wirkt sedierend auf die Nerven, harmonisiert bei Stresssymptomen, hilft bei Angst mit depressiver Verstimmung, bei dem Gefühl, gehetzt zu sein und bei übersteigerter Aggression. Es ist eher eine Essenz für die cholerischen als für die phlegmatischen Temperamente.

Sich nicht aus der Ruhe bringen lassen, das ist Sandelholz.

Sandelholz ist ein **Aphrodisiakum** für Frauen, da dieses ätherische Öl testosteronähnliche Inhaltsstoffe hat.

Wirkung auf der Haut

Sandelholz wirkt **tonisierend** auf die Muskulatur, **entstauend** auf das Lymphsystem, **anregend** auf den Hautstoffwechsel. Beruhigt **Entzündungen** der Haut, lindert **Juckreiz** und stärkt das **Bindegewebe**.

Anwendungsbereiche

- In Hautpflegeprodukten bei **trockener, gestauter** oder **entzündeter** Haut.
- In Lotionen oder Körperölen zur Behandlung von **Cellulite** und schwachem Bindegewebe.
- In Ölmischungen für **Partnermassagen** (z. B. in Verbindung mit Jasmin und Grapefruit).
- Im Massageöl oder Badezusatz bei **kalten Füßen**.
- **Sandelholzhydrolat** für Augenkompressen bei Stauungen und als Auflage bei juckenden Hauterkrankungen, als Kopfhautlotion.
- In der **Duftlampe**.

Schafgarbe

Botanischer Name: Achillea millefolium. Familie der Korbblütler.
Ursprung: Asien, Europa.
Gewinnung: Wasserdampfdestillation der blühenden Pflanze.
Aroma: Kräuterartig, frisch, grasig, süßlich.
Hauptinhaltsstoffe: Sesquiterpen-Kohlenwasserstoffe (bis zu 50% Chamazulen, Caryophyllen), Monoterpen-Alkohole, Monoterpen-Oxide (z.B. Cineol) und Ketone (z.B. Thujon).

Psychische Wirkung

Schafgarbenessenz ist gut in Zeiten des Wandels. Immer wenn wir uns in einen **neuen Lebensabschnitt** begeben müssen, kann uns dieses ätherische Öl helfen, nicht aus dem Gleichgewicht zu geraten, die eigene Mitte zu behalten oder wiederzufinden: in der Pubertät, im Klimakterium, nach drastischer Veränderung der Lebensumstände usw.

Wirkung auf der Haut

Antiseptisch, adstringierend, das Gewebe **stabilisierend**. Außerdem wirkt diese Essenz blutstillend, entzündungshemmend und wundheilend.

Anwendungsbereiche

In Mischungen zur Reduzierung von **Cellulite** und vorbeugend gegen **Krampfadern**.

In Hautpflegeprodukten zur Linderung bei **entzündlicher Haut, Hautirritationen, Ekzemen, allergischen Erscheinungen, Couperose** und zur Stabilisierung bei **atrophischer** Haut.
In After-Sun-Lotionen zur allgemeinen Beruhigung der Haut und speziell bei **Sonnenbrand** (z.B. in Aloe-vera-Öl).

Vorsicht bei Azulenunverträglichkeit. Schafgarbe enthält Azulen, das häufig Allergien hervorruft.

Styrax (Amberbaum)

Botanischer Name: Liquidambar orientalis. Familie der Hamamelisgewächse.
Ursprung: Kleinasien, v.a. Türkei.
Gewinnung: Wasserdampfdestillation aus dem Balsam.
Aroma: Süß, mandelartig, balsamisch.
Hauptinhaltsstoffe: Vanillin, verschiedene Alkohole, Phenole.

Psychische Wirkung

Diese Essenz wirkt entspannend, aufbauend, klärend, öffnend, vertreibt Ängste. Festgefahrenen, starrsinnigen Menschen kann Styrax helfen, ihre Ängste loszulassen, die eigenen Schwächen zu akzeptieren und die Schwächen der anderen zu verzeihen.

Trau dich, über den eigenen Tellerrand hinauszuschauen!

Wirkung auf der Haut

Styrax wirkt wundheilend, **antiseptisch**, entzündungshemmend, **anregend** auf die Hautfunktionen, aber auch **reizlindernd** (in sehr hoher Verdünnung).

Anwendungsbereiche

- Styrax ist für die Aromakosmetik vor allem deshalb ein wertvolles Öl, weil es im **Massageöl** eine beruhigende, Stress mildernde Wirkung hat. Es hilft den Kunden loszulassen.
- In der **Duftlampe**.

Die Dosierung immer sehr gering halten, da Styrax hautreizende Phenole enthält, die nicht zum Tragen kommen, wenn Sie sehr stark verdünnen, etwa 0,1 %.

Teebäume

Teebäume gehören zur Familie der Myrtengewächse. In der Aromatherapie sind bisher bekannt: **Cajeput** (Melaleuca leucadendra), **Niauli** (Melaleuca viridiflora), **Kanuka** (Kunzea ericoides), **Manuka** (Leptospermum scoparium) und **Tea-Tree (Melaleuca alternifolia)**, das unter dem Namen **Teebaum** im Handel ist.
Für die **Aromakosmetik** interessieren uns das Manuka- und das Tea-Tree-Öl!

Tea-Tree (Melaleuca alternifolia)

Ursprung: Australien.
Gewinnung: Wasserdampfdestillation der Blätter.
Aroma: Frisch, würzig, kampferartig, erdig.
Hauptinhaltsstoffe: Monoterpen-Alkohole (bis zu 30% Terpinen-4-ol), Oxide (1,8Cineol), Monoterpen-Kohlenwasserstoffe, Sesquiterpen-Kohlenwasserstoffe und -Alkohole.

Wirkung auf der Haut

Antiseptisch, bakterizid, fungizid und **immunstimulierend.**

Außerdem wirkt die Tea-Tree-Essenz entzündungshemmend, die Wundheilung und Narbenbildung fördernd und trocknend. **Blutstillend.**

Anwendungsbereiche

- In allen Hautpflegeprodukten bei **Entzündungen, Furunkeln, Mykosen.**
- Es kann **pur** aufgetragen werden bei Entzündungen des Nagelbetts, Schnittwunden, Abschürfungen, Insektenstichen.

- In Haarpflegeprodukten bei **fettiger** Kopfhaut mit Schuppenbildung.

Manuka (Leptospermum scoparium)

Ursprung: Neuseeland.
Gewinnung: Wasserdampfdestillation der Blätter.
Aroma: Frisch, würzig, süß.
Hauptinhaltsstoffe: Monoterpen-Alkohole (v. a. Geraniol, Linalol), Monoterpen-Aldehyde (Geranial), Monoterpen-Ester (Geranylacetat), Monoterpen-Oxide, Monoterpen- und Sesquiterpen-Kohlenwasserstoffe, Sesquiterpen-Alkohole.

Wirkung auf der Haut

Aufgrund der milderen Inhaltsstoffe (Aldehyde und Ester) hat Manuka neben der ähnlichen Wirkung wie das Tea-Tree-Öl zusätzlich **ausgleichende** und **sedative** Eigenschaften.

Teebaum- oder Tea-Tree-Öl ist kein Wunder- oder Allheilmittel. Es reiht sich ein unter allen anderen ätherischen Ölen und ist nach den gleichen Prinzipien zu verwenden!

Thymian

Botanischer Name: Thymus vulgaris. Familie der Lippenblütler.
Ursprung: Mittelmeerraum, v. a. Spanien; heute auch in Kleinasien zu finden.
Gewinnung: Wasserdampfdestillation aus dem Kraut.
Aroma: Je nach Chemotyp, würzig, krautig, kräftig bis frisch, süß, mild.
Hauptinhaltsstoffe: Bis zu 60 % Phenole (v. a. Thymol und Carvacrol) im Thymian Typ Thymol; Monoterpen-Alkohole (v. a. Linalol), Monoterpen-Ester und Monoterpen-Kohlenwasserstoffe, Sesquiterpen-Kohlenwasserstoffe im Thymian Typ Linalol.

Psychische Wirkung

Nicht reden, sondern handeln!

Die Essenz des Thymian Typ Linalol oder auch **Zitronenthymian** genannt, unterstützt unsere geistige Konzentration. Sie wirkt einerseits aufbauend und anregend, andererseits aber beruhigt sie die Nerven aufgrund des hohen Linalolgehaltes.

Zitronenthymianöl gibt Mut und Energie, Ideen in die Tat umzusetzen.

Wirkung auf der Haut

Antiseptisch, antibakteriell und **antimykotisch**. Außerdem wirkt diese Essenz ausgleichend, aufbauend und entzündungshemmend.

Anwendungsbereiche

- In Heilerdeauflagen bei **entzündeter** Haut.
- In Gesichtspflegeprodukten bei **müder, atrophischer** Haut und **Akne**.
- In Fußpflegeprodukten bei **Pilzbefall**, aber auch bei **kalten Füßen**.
- In Haarpflegeprodukten bei **Haarausfall** und **energielosem, sprödem** Haar.

Thymian Typ Thymol ist sehr stark hautreizend. Er eignet sich jedoch hervorragend zur Behandlung von Nagelmykosen.
Für die Hautbehandlung allerdings greifen wir am besten zum phenolfreien Thymian Typ Linalol!

Vanille

Botanischer Name: Vanilla planifolia. Familie der Orchideengewächse.
Ursprung: Mexiko und Mittelamerika; kultiviert auf Madagaskar und den Komoren.
Gewinnung: Äthanolauszug aus den Schoten.
Aroma: Vanilleartig, balsamisch, süß.
Hauptinhaltsstoffe: Vanillin, organische Säuren (z.B. Isobuttersäure).

Psychische Wirkung

Sehr stark **entspannend**. Vanille schenkt uns ein heimeliges, nährendes Gefühl, **wie in Mutters Schoß**. Der Duft dieser Essenz erinnert uns unvermittelt an dieses Beschütztsein. Ätherisches Vanilleöl wirkt ausgleichend auf unsere Psyche, stimmt positiv, besänftigt. So verlieren wir Unsicherheit, vergessen den Ärger, überwinden unseren Zorn und können übermäßigen Stress hinter uns lassen.

Die Folgeerscheinung von **Energieabfall** durch große Belastung ist oft der Verzehr von Süßigkeiten. Wer seine gute Figur behalten möchte, kann es mit dieser Essenz als »Ersatzobjekt« versuchen. Wie wäre es mit Vanille in Mischung mit Kakaoextrakt und Pfefferminze? Ein ätherischer Hauch von »After eight«!

Wirkung auf der Haut

Vanille **entspannt** die Muskulatur, wirkt aufbauend.

Anwendungsbereiche

- Im **Körperöl** und im **Badezusatz** zur allgemeinen Entspannung, gibt Schutz.
- In **Gesichtspflegeprodukten**, vor allem bei müder, trockener, irritierter Haut, aber auch bei Hautanomalien (Vanille wirkt positivierend).
- In der **Duftlampe**.
- In **Haarpflegeprodukten**, v.a. in Kindershampoos.

Vetiver

Botanischer Name: Vetiveria zizanoides. Familie der Süßgräser.
Ursprung: Südindien, Indonesien, Sri Lanka; kultiviert auf La Réunion und in El Salvador.
Gewinnung: Wasserdampfdestillation der getrockneten, zerkleinerten Wurzeln.
Aroma: Holzig, erdig-süß, rauchig-schwer.
Hauptinhaltsstoffe: Sesquiterpen-Kohlenwasserstoffe, -Alkohole, -Ketone und -Ester.

Psychische Wirkung

Wenn wir den »Boden unter den Füßen« verloren haben, äußert sich das durch nervliche Überreiztheit, Niedergeschlagenheit, Energielosigkeit, Schlaflosigkeit, allgemeine Schwäche und Überängstlichkeit.

Vetiver hilft uns dabei, **Wurzeln zu schlagen**, uns zu »erden«, Standfestigkeit zu gewinnen, Energie zu tanken.

Es ist auch ein ätherisches Öl, das uns unseren **Körper lustvoll erfahren** lässt. Eine Essenz für Partnermassagen!

Wirkung auf der Haut

Vetiver wirkt **anregend** auf das endokrine Drüsensystem des Körpers: Es kann den Hormonspiegel ausgleichen, stärkt das Immunsystem. Durch die Reduzierung der Östrogene im Klimakterium kommt es oft zu Austrocknung und Erschlaffung der Haut, die Vetiveressenz leistet bei diesen Symptomen große Hilfe. Außerdem wirkt das ätherische Vetiveröl **antiseptisch, durchblutungsfördernd**, **blutstillend** und **wundheilend**.

Anwendungsbereiche

- In Gesichtspflegeprodukten (sehr geringe Dosierung, da sehr stark im Duft: 1–2 Tropfen auf 100 ml Basis) bei **atrophischer, müder** Haut, bei **trockener, irritierter** und **schlecht durchbluteter** Haut, bei **entzündeter** Haut.
- Im therapeutischen Körperöl zur **Vorbeugung gegen Krampfadern** und **Schwangerschaftsstreifen, im Massageöl zur Hautpflege** und **Pflege der Psyche.**
- In der **Duftlampe**.

Wacholderbeere

Botanischer Name: Juniperus communis. Familie der Zypressengewächse.
Ursprung: Nordeuropa, Nordasien, Kanada; kultiviert in Frankreich, Italien und Kroatien.
Gewinnung: Wasserdampfdestillation der Beeren.
Aroma: Frisch, balsamisch, terpentinähnlich, holzig-süß.
Hauptinhaltsstoffe: Monoterpen-Kohlenwasserstoffe (z.B. Limonen, Terpinen).

Psychische Wirkung

Wacholder stimuliert die Noradrenalin-Ausschüttung: aktiviert, **treibt uns an**, macht wach und widerstandsfähig (psychisch und physisch).

Wirkung auf der Haut

Ätherisches Wacholderöl hat stark **reinigende** Eigenschaften. Es wirkt antiseptisch, adstringierend, trocknend, desodorierend, entstauend und gewebestärkend. Löst Muskelverkrampfungen.

Anwendungsbereiche

- In Heilerdeauflagen bei **feuchten Ekzemen** und **fettiger** Haut mit Entzündungen.
- In Haarpflegeprodukten bei **Haarausfall** und fettiger Kopfhaut.
- In Fußbädern und Deodorants.
- In therapeutischen Körperölen zur Entspannung der **Muskulatur**, zur **Stärkung** der Venen vorbeugend gegen Krampfadern und zur **Entgiftung der Zellen bei Cellulite.**
- In der **Duftlampe** zur Reinigung der Luft (z.B. mit Zitrone und Lavendel vermischt).

Hat regeltreibende Wirkung: Nicht in der Schwangerschaft einnehmen oder einmassieren!

Weihrauch

Botanischer Name: Boswellia carteri, Boswellia sacra. Familie der Burserazeen.
Ursprung: Nordostafrika, v.a. Äthiopien.
Gewinnung: Wasserdampfdestillation der Harztränen.
Aroma: Balsamisch-rauchig, süß.
Hauptinhaltsstoffe: Monoterpen-Kohlenwasserstoffe (v.a. Pinen, Limonen), Monoterpen-Ester, Monoterpen-Alkohole (z.B. Incensol) und Thujon (Keton).

Psychische Wirkung

Weihrauch wirkt direkt auf den Hypothalamus: Er reguliert Angstgefühle, gleicht Stimmungsschwankungen aus. Weihrauch **beruhigt** unseren Atemrhythmus und macht die Atmung tiefer. Dadurch lösen sich Verspannungen in der Psyche; wir werden ruhiger, können in uns schauen: eine Essenz für die **Selbstreflexion**.

Wirkung auf der Haut

Weihrauch regt das **Zell-** und **Gewebewachstum** an, wirkt hormonstimulierend über den Hypothalamus. Er kann das Hautrelief ausgleichen, tonisiert und ist **antibakteriell** wirksam.

Anwendungsbereiche

- In Gesichtspflegeprodukten bei **trockener**, erschlaffter und **irritierter** Haut.
- In **Augenfältchen**cremes, z.B. in Mischung mit Neroli und Grapefruit.
- In Reingungsmasken bei **entzündeter** Haut.
- In der **Duftlampe**.

Weihrauchöl ist uteruswirksam: Nicht in der Schwangerschaft einnehmen oder einmassieren!

Ylang-Ylang

Botanischer Name: Cananga odorata. Familie der Flaschenbaumgewächse.
Ursprung: Tropenwälder Asiens; kultiviert auf Madagaskar, den Komoren und La Réunion.
Gewinnung: Wasserdampfdestillation der Blüten; es gibt, je nach Destillationsdauer, verschiedene Qualitäten: Ylang-Ylang extra wird 2–3 Stunden destilliert, Ylang-Ylang komplett 13–20 Stunden. Die komplette Qualität ist für die Aromakosmetik zu empfehlen!
Aroma: Blumig, sinnlich, süß mit herbem Unterton.
Hauptinhaltsstoffe: Monoterpen-Ester (z.B. Benzylbenzoat), Monoterpen-Alkohole (z.B. Linalol, Geraniol) und Sesquiterpen-Kohlenwasserstoffe (z.B. Germacren).

Psychische Wirkung

Die Ylang-Ylang-Essenz ist die **Glücksbotin** unter den ätherischen Ölen. Die Produktion von Serotonin und Endorphinen wird durch sie unmittelbar angeregt: Sie weckt unsere Sinnesfreuden und Lebensfreude, nimmt Schüchternheit, wärmt unser Herz. Seelische und körperliche Anspannung fallen schnell von uns ab.

Gefühl und Leidenschaft!

Das Ylang-Ylang-Öl ist eine sehr feminine Essenz. Sie unterstreicht das Yin-Prinzip ohne aber dabei das Yang-Prinzip außer Acht zu lassen.

Wirkung auf der Haut

Antiseborrhoisch, fungizid, zellerneuernd. Außerdem durchblutungsfördernd und ausgleichend. Diese Essenz ist ein »Weichspüler für die Haut« (z. B. vermischt mit Sandelholz/Zeder und Orange in Macadamianuss- oder Avocadoöl).

Anwendungsbereiche

- In **Reinigungsmasken** und **Pflegeprodukten** für die fette, entzündliche, aber auch für die müde, fahle, rauhe und (sonnen)geschädigte Haut.
- In **Fußpflegeprodukten** zur Pilzbehandlung oder prophylaktisch.
- In **Haarspülungen**.
- Im **Badezusatz**, in der **Duftlampe** und im **Körperöl** für ein allgemeines Wohlfühl- und Verwöhnprogramm.

Narkotisierende Eigenschaften, wie alle intensiven Blütendüfte: Gering dosieren!

Zeder (Atlaszeder)

Botanischer Name: Cedrus atlantica. Familie der Kieferngewächse.
Ursprung: Algerien (Atlasgebirge); kultiviert in Marokko und Frankreich.
Gewinnung: Wasserdampfdestillation der Holzspäne.
Aroma: Warm, holzig-balsamisch, süß, kampferartig.
Hauptinhaltsstoffe: Atlanton (Sesquiterpen-Keton; mild!), Sesquiterpen-Kohlenwasserstoffe und -Alkohole (Zedrol).

Psychische Wirkung

Dabei ist sie von einer Weisheit, die uns ruhig sein lässt, gelassen, ohne Angst. Zedernholzöl gibt uns **Selbstvertrauen**, stabilisiert unsere Psyche bei großer Belastung.

Wie ein Fels in der Brandung, allen Stürmen standhalten, das ist die Devise der Zedernholzessenz.

Das richtige ätherische Öl gegen Prüfungsangst, in allen Zeiten der Übergänge (Geburt, Schuleintritt, Pubertät, Klimakterium usw.), nach Suchtentwöhnung.

Wirkung auf der Haut

Adstringierend, antiseborrhoisch, antiseptisch. Außerdem durchblutungsfördernd und fungizid.

Zedernholz-Öl ist **die** Essenz bei Cellulite, da sie einer übermäßigen Speicherung von Feuchtigkeit und Fett, und damit einer Ausdehnung der Zellen, entgegenwirkt.

Ätherisches Zedernholz-Öl wirkt am intensivsten in **Synergie** mit anderen ätherischen Ölen!

Anwendungsbereiche

- In Gesichtspflegeprodukten bei **fetter, entzündeter, grobporiger** und **ekzematöser, schlecht durchbluteter** Haut.
- Für die Haarpflege, bei **Haarausfall** und **Schuppenbildung**.
- In Körperölen, -packungen, -massagecremes, im Duschgel und Badezusatz bei **Cellulite**.
- In der **Duftlampe** und im **Vapozon** gegen Stresssymptome.

Echtes Zedernöl aus der Libanon-, Atlas-, Himalaya- oder Zypern-Zeder ist nicht toxisch! Die Virginia- oder Texaszeder dagegen ist keine echte Zeder, sondern ein Wacholdergewächs; das ätherische Öl daraus enthält viel Thujon, es wirkt abortiv.

Zitrone

Botanischer Name: Citrus limonum. Familie der Rautengewächse.
Ursprung: Asien; wildwachsend im Mittelmeerraum; kultiviert auf Sizilien, Zypern, Israel.
Gewinnung: Kaltpressung aus den Schalen.
Aroma: Leicht, fruchtig, frisch.
Hauptinhaltsstoffe: Monoterpen-Kohlenwasserstoffe (bis zu 70% Limonen), Monoterpen-Aldehyde (z.B. Citral), Monoterpen-Alkohole (Linalol, Geraniol).

Psychische Wirkung

Zitrone besitzt phototoxische Eigenschaften.

Zitronenessenz ist der **Frische-Kick** in unserem Leben.

Ätherisches Zitronenöl wirkt direkt auf den Hippocampus, das Gehirnzentrum, das für die Ausschüttung von **gedächtnisstärkenden** Neurotransmittern zuständig ist. Es baut auf bei geistiger Erschöpfung, unterstützt Klärungsprozesse, wenn unsere Seele in einen Konflikt geraten ist und verhindert emotionale Ausbrüche, indem es die Nerven beruhigt.

Wirkung auf der Haut

Die Hautfunktionen **anregend**, trocknend, entzündungshemmend, adstringierend, blutstillend und narbenbildungsfördernd.

Zitrone wirkt außerdem **stabilisierend** auf unsere Gefäße und antiviral: z.B. gegen Warzen (auf Dornwarzen **pur** auftragen).

Anwendungsbereiche

- In Reinigungs- und Pflegeprodukten für die **entzündete, fette, grobporige** Haut mit verlangsamtem Stoffwechsel, außerdem bei Couperose.
- In Massageöl-Mischungen zur **Vorbeugung** von Krampfadern und zur Stabilisierung des Gewebes bei **Cellulite**.
- In Fußcremes, um der Bildung von **Hornhaut** vorzubeugen und um zu **desodorieren.** Im **Nagelöl** zur Stabilisierung der Nägel.
- Im **Shampoo** zur Pflege von blondem Haar und **fetter** Kopfhaut.

- In der Duftlampe, um die Luft zu **reinigen** (z.B. mit Rhododendron) oder um die **Konzentration** zu fördern (z.B. mit schwarzem Pfefferöl oder Rosmarin).

Zypresse

Botanischer Name: Cupressus sempervirens. Familie der Zypressengewächse.
Ursprung: Östlicher Mittelmeerraum; wildwachsend im westlichen Mittelmeerraum und England; kultiviert in Frankreich, Spanien und Marokko:
Gewinnung: Wasserdampfdestillation der Zweige:
Aroma: Herb-balsamisch, harzig.
Hauptinhaltsstoffe: Monoterpen-Kohlenwasserstoffe (z.B. Pinen, Camphen), Monoterpen-Alkohole (z.B. Terpinen-4-ol), Sesquiterpen-Kohlenwasserstoffe.

Psychische Wirkung

Die Zypresse ist der Baum, der so sehr dem Himmel zustrebt, der sich auf Friedhöfen wohl fühlt, der aber auch den weichen, femininen Hügeln der Toskana den männlichen Aspekt verleiht.

Sich auf das Wesentliche konzentrieren, ist die hauptsächliche Botschaft des ätherischen Zypressenöles an unsere Psyche.

Es ist eine hilfreiche Essenz für die Menschen, die gerne in Visionen und Gefühlen zerfließen. Die Zypresse richtet uns auf, gibt uns Rückgrat, gleicht Stimmungsschwankungen aus.

Wirkung auf der Haut

Adstringierend, antiseptisch, die Gefäße stärkend. Außerdem blutstillend, desodorierend und die Spannkraft stärkend.

Anwendungsbereiche

- In Pflegeprodukten für **großporige, atrophische** und auch für zu **Entzündungen neigende** Haut, bei **Couperose**.
- In allen Präparaten zur Vorbeugung von **Krampfadern**, zur Milderung von **Besenreisern** und Stabilisierung des Gewebes bei **Cellulite**.
- Zypressenhydrolat ist gut zur Förderung des Haarwuchses und wirksam gegen Schuppenbildung.

Zypresse mischt sich hervorragend mit Blütendüften und relativiert deren narkotische Wirkung.

Trägeröle

Ätherische Öle verwenden wir nur **ausnahmsweise** pur. In der Regel setzen wir sie in geringen Mengen einem **Trägeröl** zu. Als Trägeröle eignen sich fette Öle und Samenöle, die auf der Haut unterschiedliche Wirkungen hervorrufen.

Fette Öle

Dies sind pflanzliche Öle, die den **Trägerstoff** oder die **Basis** für eine Mischung mit ätherischen Ölen bilden. In ihrer Zusammensetzung entsprechen sie den natürlichen Bestandteilen des Hautfettes. Durch diese Verwandtschaft gelten sie als besonders **hautfreundlich**. Fette Öle führen der Haut Lipide zu, die sie benötigt, um **Feuchtigkeit** in der Haut **halten** zu können.

Chemische Grundbausteine

Fette Öle, pflanzliche und tierische, sind Verbindungen (Ester) des dreiwertigen Alkohols Glyzerin mit verschiedenen gesättigten oder ungesättigten Carbonsäuren mit 4 bis 24 Kohlenstoffatomen. **Pflanzliche fette Öle** setzen sich zusammen aus: Palmitinsäure (C 16), einfach ungesättigter Ölsäure, Stearinsäure (C 18), mehrfach ungesättigten Fettsäuren (Linolsäure, Linolensäure, Arachidonsäure), die man auch **essentielle Fettsäuren** nennt oder unter der Bezeichnung **Vitamin F** zusammenfasst.

Je länger die Pflanzensamen, aus denen Öl gepresst wird, reifen, desto höher ist der Gehalt an essentiellen Fettsäuren!

Öle und ihre fettlöslichen Begleitstoffe werden in der Gruppe der **Lipide** zusammengefasst. Diese Gruppe wird wiederum unterteilt in **Neutralfette** und **Lipoide** (dazu gehören die Wachse, z. B. Jojobawachs). Des weiteren unterteilt man in **Phospholipide** (z. B. Lezithin), Carotinoide, Steroide und langkettige Fettalkohole.

Lezithin

Jede Zelle enthält Lezithin, es ist ein **lebenswichtiges** Phospatid. Es vermittelt zwischen den wässrigen Flüssigkeiten und dem Fett im Körper. Lezithin hat die Eigenschaften eines **Emulgators**: Es reguliert die Durchlässigkeit der Zellwände und spielt damit für die Osmose eine wichtige Rolle.

Fette Öle mit natürlichem Lezithingehalt, wie z. B. Avocadoöl, Weizenkeimöl und Sesamöl, wirken als unmittelbarer **natürlicher Feuchtigkeitsfaktor** auf der Haut.

Vitamine

Für einen ungestörten Ablauf der Funktionen im menschlichen Organismus sind Vitamine unverzichtbar.

Sie ermöglichen den Auf- und Abbau der Nahrungsstoffe und sind ein unabkömmliches Werkzeug der **Stoffwechselsteuerung**.

Fette Öle sind natürlicherweise **vitaminreich**.

Aloe-vera-Öl

Botanischer Name: Aloe barbadensis. Familie der Liliengewächse.
Ursprung: USA, wächst in Wüstengegenden.
Gewinnung: Mazerat in Sojaöl aus den frischen Pflanzenblättern: Das wirkstoffreiche, schnell verderbliche Gel wird mit dem fetten Öl ausgezogen. Es muss deshalb nicht konserviert werden, im Gegensatz zum Aloe-vera-Gel, das im Handel angeboten wird.
Wirkstoffe: Enzyme, Mineralien und Proteine.

Wirkung auf der Haut

Das Mazerat aus der Aloe-vera-Pflanze wirkt **durchblutungsfördernd**, **entzündungshemmend**, reguliert den **Feuchtigkeitsgehalt** und den **Zellaufbau** in der Haut.

Anwendung

- Bei trockener, zu Allergien neigender, entzündeter, atrophischer Haut.
- Lindert Sonnenbrand-Symptome der Haut, evtl. in Mischung mit Calendula- und/oder Johanniskrautöl.

Rezeptbeispiel

After-Sun-Körperöl

50 ml Aloe-vera-Öl
50 ml Johanniskrautöl
2 Tropfen Immortelle
5 Tropfen Rosenholz
2 Tropfen Schafgarbe
3 Tropfen Bergamottminze
2 Tropfen Magnolienblüte
6 Tropfen Bergamotte

Aprikosenkernöl

Botanischer Name: Prunus armeniaca. Familie der Rosengewächse.
Ursprung: Turkistan und Mongolei; kultiviert v. a. in Südeuropa.
Gewinnung: Kaltpressung aus den Kernen der reifen Früchte; das Öl ist farblos, klar und von zartem, mandelartigem Aroma.
Wirkstoffe: Vitamine, Mineralien und Enzyme.

Wirkung auf der Haut

Aprikosenkernöl wirkt **gewebestraffend, zellerneuernd**, aktiviert den Hautstoffwechsel und hilft der Haut, Feuchtigkeit zu speichern. Es macht die Haut geschmeidig, weich und glänzend.

Anwendung

- Zur Pflege des empfindlichen Augenbereichs (glättet bei längerer Anwendung Linien und Fältchen) und der müden, trockenen, spröden Gesichts- und Körperhaut.
- Als Körperöl zur Straffung des Gewebes.

Rezeptbeispiel

Körperöl zur Vorbeugung von Schwangerschaftsstreifen

50 ml Aprikosenkernöl
5 Tropfen Rosenholz
1 Tropfen Vetiver
1 Tropfen Jasmin
5 Tropfen Zitrone

Avocadoöl

Botanischer Name: Persea gratissima, Persea americana. Familie der Lorbeergewächse.
Ursprung: Tropen; kultiviert in Mexiko, Kalifornien und Israel.
Gewinnung: Kaltpressung der getrockneten Früchte; anschließend wird das Öl durch Zentrifugieren und Filtrieren gereinigt.
Wirkstoffe: Vitamin A, B, D, K und E, Lezithin, essentielle Fettsäuren.

Wirkung auf der Haut

Avocadoöl hat ein sehr gutes **Spreitungsvermögen**: Es zieht rasch in die Haut ein, macht sie geschmeidig und glatt.

Es ist wirksam gegen **Hautunreinheiten, verfeinert** das **Hautrelief**: Kann die Narbenheilung fördern, Pigmentierungen mildern und große Poren verkleinern.

Das Öl aus der Avocado befähigt die **sehr trockene** Haut, wieder mehr Feuchtigkeit aufzunehmen und zu speichern. Es macht Verhornungen weicher.

Anwendung

- Als Massageöl, Gesichtspflegeöl, in Hautcremes (v.a. zur Pflege des Augenbereichs), in Gesichts- und Körperpackungen, im Peeling, in Lippenpflegecremes.

- Als Haarpackung.
- Als Pflegeöl für die Nagelhaut und die Füße (Schrunden).

Rezeptbeispiel

Gesichts-Massageöl (Kabine) für die trockene Haut

10 ml Avocadoöl
2 Tropfen Sandelholz
1 Tropfen Jasmin Sambac
3 Tropfen Orange süß

Haselnussöl

Botanischer Name: Corylus avellana. Familie der Birkengewächse.
Ursprung: Mitteleuropa; kultiviert auch in Südeuropa und Kleinasien.
Gewinnung: Kaltpressung der reifen Nüsse.
Wirkstoffe: Vitamin A und E.

Wirkung auf der Haut

Das Öl aus der Haselnuss wirkt **gewebefestigend, adstringierend** und **aufbauend.**

Anwendung

- Im Körperpflege- und Massageöl bei **trockener, strapazierter** Haut.
- Zur **Straffung** des Gewebes in der Schwangerschaft, bei Cellulite oder Neigung zu Krampfadern.
- In Mischung mit Avocado- und Johannisbeersamenöl kann Haselnussöl die Keloidbildung von Narben **verhindern** helfen.

Rezeptbeispiel

Pflegeöl für die Beine

50 ml Haselnussöl
2 Tropfen Cistrose
5 Tropfen Zypresse
2 Tropfen Schafgarbe
3 Tropfen Muskatellersalbei
6 Tropfen Bergamottminze
10 Tropfen Zitrone

Johanniskrautöl (Rotöl)

Botanischer Name: Hypericum perforatum. Familie der Johanniskrautgewächse.
Ursprung: Europa.
Gewinnung: Mazeration der frischen Blüten und Blätter in Olivenöl (s. S. 78).
Wirkstoffe: Hypericin.

Wirkung auf die Haut

Das Mazerat (Johanniskraut in Olivenöl) wirkt **erwärmend**, den Hautstoffwechsel und die Durchblutung **anregend** (Akne, Couperose), **entzündungshemmend**, Rötungen und Reizungen **mildernd**, Wundheilung fördernd, das Gewebe **stärkend**.

Anwendung

- In Pflegepräparaten bei **Akne** und **Couperose**.
- In After-Sun-Produkten.
- Zur Behandlung von **Narben**.

Hypericin ist ein Stoff, der die Haut möglicherweise lichtempfindlich macht. Deshalb nicht als Sonnenschutzmittel verwenden.

Jojobawachs (Jojobaöl)

Botanischer Name: Simmondsia californica. Familie der Buchsbaumgewächse.
Ursprung: Wüsten Nordamerikas und Mexikos.
Gewinnung: Kaltpressung aus den Früchten.
Wirkstoffe: Mineralstoffe, Vitamin E und F.

Besonderheiten

Die Jojobapflanze ist ein immergrüner Wüstenstrauch, der über 200 Jahre alt werden kann. Er widersteht Hitze und Dürre, Insekten und Pilzkrankheiten. Er liebt es, im Schutz von Kakteen zu wachsen. Selbst salzhaltige Böden machen dieser Pflanze nichts aus.

Mittels weit verzweigter Pfahlwurzeln versorgt sich der Jojobastrauch mit Wasser; bei jungen Pflanzen sind sie bis zu 4 m, bei älteren bis zu 10 m tief. Außerdem verhindert eine Wachsschicht, mit der der Strauch seine Blätter überzieht, das Entweichen von Flüssigkeit: Der Wasserbedarf liegt bei nur einem halben Kubikmeter pro Jahr.

Die **chemischen Bausteine** des »Jojobaöls« unterscheiden sich sehr wesentlich von denen der anderen fetten Öle, die in der Kosmetik benützt werden. Es kann nicht ranzig werden, ist chemisch gesehen eigentlich kein Öl, sondern ein **flüssiges Wachs**.

Jojobawachs findet in der Industrie Verwendung als Ersatz von **Walrat**.

Wirkung auf der Haut

Antiallergen und den **pH-Wert stabilisierend.** Jojobawachs bietet Schutz vor negativen Umwelteinflüssen, z.B. freien Radikalen, und reguliert den Feuchtigkeitshaushalt der Haut: Jojobawachs ist ein **Feuchtigkeitsversiegler**, es

empfiehlt sich deshalb **nicht**, dieses flüssige Wachs über einen längeren Zeitraum **pur** für die Hautpflege zu verwenden.

Anwendung

- In Ölmischungen oder Gesichtscremes für die **trockene**, **gereizte** und **atrophische** Haut.
- Zur **Straffung** des Bindegewebes während oder nach einer Schwangerschaft.
- In Haarkuren gegen **Schuppen** oder bei **geschädigter Haarstruktur.**
- Im Nagelöl zur Förderung und Erhaltung der **Elastizität** und **Festigkeit**.

Macadamianussöl

Botanischer Name: Macadamia integrifolia. Familie der Schimmerbäume.
Ursprung: Südsee (v.a. Hawaii), Australien und Neuseeland.
Gewinnung: Kaltpressung aus der Nuss.
Wirkstoffe: Sehr hoher Gehalt an Palmitoleinsäure (ein hauteigener Stoff).
Ersatz für Nerzöl.

Wirkung auf der Haut

Sehr gutes **Spreitungsvermögen:** Zieht vollständig in die Haut ein, macht sie weich und geschmeidig, fettet nicht nach.
Mit Macadamianußöl gepflegte Haut wird samtig und glänzend.

Anwendung

- Für **alle** Hauttypen als Gesichts- und Körperöl hervorragend geeignet.
- Als Massageöl.
- Verarbeitet in Gesichtscremes und Körperlotionen zur Pflege v.a. der **trockenen, spröden** und auch der **zu Atrophie neigenden** Haut.

Rezeptbeispiel

Körperöl für samtig-weiche Haut

50 ml Macadamianussöl
30 ml Avocadoöl
10 ml Rosa-mosqueta-Öl
10 ml Jojobawachs
1 Tropfen Vetiver
1 Tropfen Vanille
4 Tropfen Sandelholz
2 Tropfen Rose
2 Tropfen Neroli
3 Tropfen Myrte (Anden)
7 Tropfen Orange (süß)

Mandelöl süß

Botanischer Name: Prunus amygdalis dulcis. Familie der Rosengewächse.
Ursprung: Mittelmeergebiet.
Gewinnung: Kaltpressung der Mandeln.
Wirkstoffe: 15 % essentielle Fettsäuren.

Wirkung auf der Haut

Sehr hautpflegendes, mildes **Grundöl**, das sich mit allen fetten Ölen sehr gut mischen lässt. Mandelöl fettet gut nach, so dass es sich am besten für **empfindliche** und auch spröde Haut eignet.

Anwendung

- In Reinigunslotionen als rückfettende Komponente.
- In Körperölen, v. a. in Babyölen.

Rezeptbeispiel

Pflegendes Babyöl

100 ml Mandelöl
1 Tropfen Rosenholz
1 Tropfen Kamille (römisch)
1 Tropfen Rose
1 Tropfen Grapefruit

Olivenöl

Botanischer Name: Olea europaea. Familie der Ölbaumgewächse.
Ursprung: Südeuropa.
Gewinnung: Kaltpressung der reifen Früchte.
Wirkstoffe: Linolsäure (12 %), Glyceride der Öl- und Palmitinsäure.

Wirkung auf der Haut

Olivenöl befähigt die Haut, mehr **Feuchtigkeit** aufzunehmen und zu speichern.

Anwendung

- Bei **trockener** Haut als Pflegeöl.
- Zur Kopfhaut- und Haarpflege bei **Schuppenbildung** und **trockenen Haarspitzen**.

Olivenöl wird gerne als Auszugsöl für Mazerate (Pflanzenauszüge) verwendet.

Sanddornöl

Botanischer Name: Hippophae rhamnoides. Familie der Ölweidengewächse.
Ursprung: Mitteleuropa, Nordeuropa, Nordasien; vorwiegend auf Sand- und Kiesböden gedeihend.
Gewinnung: Kaltpressung aus den reifen Beeren.
Wirkstoffe: Hoher Anteil essentieller Fettsäuren (Linol- und Linolensäure), Palmitoleinsäure, Carotinoide, Sterole, Tocopherole. Epoxidkohlenwasserstoffe, Fettalkohole, Triterpene, Aldehyde in geringen Mengen.

Wirkung auf der Haut

Allgemein **ausgleichend** und **stärkend**. Feuchtigkeitsspendend, antibiotisch, reizlindernd, regenerationsfördernd, die Zellkommunikation fördernd.

Antioxidativ wirksam: Sanddornöl schützt die Zellstrukturen vor der Zerstörung durch freie Radikale.

Anwendung

- In allen **Pflegeölen** und **Pflegecremes** oder **pur** aufgetragen bei sonnengeschädigter Haut, zu Entzündungen neigender Haut, phlegmonöser Akne, irritierter Haut, atrophischer Haut, überverhornter Haut.
- Zur Pflege **stark beanspruchter Hände**.
- In Fußcremes oder pur bei **Schrundenbildung**.
- In After-Sun-Lotionen.
- In Shampoos und Haarkuren bei **juckender Kopfhaut** und **Schuppen**.
- Als Pflegeöl für Babys **gegen Wundsein**.
- Bei Neurodermitis und Psoriasis zur Behandlung der **Hautrisse** und **zum Lösen** der starken Verhornungen.

Sesamöl (Indischer Sesam)

Botanischer Name: Sesamum indicum. Familie der Pedaliazeen.
Ursprung: Tropenwälder Indiens; kultiviert in Mexiko.
Gewinnung: Kaltpressung aus den Samen.
Wirkstoffe: Zwischen 38–48 % Linolsäure, außerdem Lezithin und Sesamol.

Wirkung auf der Haut

Allgemein mild und hautverträglich. Wirkt **erwärmend** und wird in der ayurvedischen Medizin als **entgiftendes** Hautreinigungsmittel eingesetzt. Sesamöl verhindert Oxidationen und absorbiert UV-Licht (LSF 3–4).

Anwendung

- In Sonnenschutzpräparaten.
- In Reinigungslotionen (evtl. mit Mandelöl).
- Als Gesichtsöl bei **entzündeter** Haut, bei **Ekzemen**, auch Psoriasis. Gibt schlecht durchbluteter, zur Atrophie neigender Haut wieder **Frische** und **Spannkraft**.
- Im Körperöl nur mit geringem Anteil zu anderen Ölen verwenden, da es einen sehr stark nussartigen **Eigengeruch** besitzt, der u.U. als unangenehm empfunden werden kann.

Rezeptbeispiel

Sonnenöl mit LSF 4
für sonnengewöhnte Haut

30 ml Sesamöl
20 ml Jojobawachs
50 ml Walnussöl
4 Tropfen Zeder
2 Tropfen Petit-grain
4 Tropfen Grapefruit

Walnussöl (Nussbaum)

Botanischer Name: Juglans regia. Familie der Nussbaumgewächse.
Ursprung: Mittelmeergebiet und westliches Asien.
Gewinnung: Kaltpressung aus den Steinfrüchten: Walnüsse.
Wirkstoffe: Ölgehalt von ca. 50%, davon ein hoher Anteil an mehrfach ungesättigten Fettsäuren. Außerdem UV-Licht absorbierende Inhaltsstoffe (LSF 2–3).

Wirkung auf der Haut

Das Öl aus den Walnüssen ist sehr dunkel und schwer. Es **baut die äußere Hautschicht auf.**

Anwendung

- Als Sonnenöl oder After-Sun-Öl: Fördert langanhaltende Bräune, v.a. in Verbindung mit ätherischem Bergamotteöl.
- In Pflegepräparaten für **reife** Haut.
- Als Kur bei **trockenen, spröden** Haaren.

Rezeptbeispiel

Haarkur

50 ml Walnussöl
30 ml Avocadoöl
20 ml Jojobawachs
5 Tropfen Vanille
5 Tr. Zitronenthymian
10 Tr. Ylang-Ylang
10 Tr. Bergamotte

Weizenkeimöl (Saatweizen)

Botanischer Name: Triticum aestivum. Familie der Süßgräser.
Ursprung: Vorderasien; kultiviert in Europa.
Gewinnung: Kaltpressung der Weizenkeime.
Wirkstoffe: 53% Linolsäure, bis zu 6% Linolensäure, bis zu 25% Ölsäure, Vitamin E , Provitamine A und D, Lezithin und Enzyme.

Wirkung auf der Haut

Feuchtigkeitsspendend, den Hautstoffwechsel **anregend**, die Hautfunktionen **regulierend**, **aufbauend**. Weizenkeimöl ist ein **natürliches Antioxidans**.

Anwendung

- Als Gesichtsöl oder in Gesichtscremes zur Pflege **trockener**, auch **atrophischer**, sowie **entzündeter** Haut.
- Erwärmtes Weizenkeimöl zum **Liften** von Hals und Dekolleté.
- Für Packungen bei **spröden Verhornungen** der Hände, Ellbogen und Fersen.
- Als Nagelöl und Haaröl.
- Warme Ölkompressen bei **trockener, verhornter** Haut.

Rezeptbeispiel

Nagelöl

10 ml Weizenkeimöl
2 Tropfen Zypresse
3 Tropfen Lavendel
5 Tropfen Zitrone

Samenöle

Die sogenannten Samenöle werden nur aus den Samen verschiedener Pflanzen gepresst. Sie enthalten einen hohen Anteil essentieller Fettsäuren (gamma-Linolensäure).

Diese essentiellen Fettsäuren sind für die ungestörten Abläufe in unserem Organismus unentbehrlich, müssen ihm aber über die Nahrung zugeführt werden, da er nicht in der Lage ist, sie selbst zu produzieren.

Innerlich eingenommen, wandelt der Körper die gamma-Linolensäure in hormonähnliche Stoffe, die sog. **Prostaglandine**, um.

Sie regen den Zellstoffwechsel an, regulieren den Blutdruck und die Magensaftsekretion, wirken auf die Tätigkeit der Nebenniere, der Schilddrüse und des Zentralnervensystems. Prostaglandine erhöhen den Tonus der glatten

Muskulatur und können dadurch die Wehentätigkeit auslösen. Samenöle deshalb während einer Schwangerschaft nicht innerlich einnehmen!

Samenöle sind von **anderer** chemischer Struktur als die fetten Öle. Sie hinterlassen **keinen Ölfilm auf** der Haut, ziehen in die Haut ein wie eine Feuchtigkeitscreme und helfen der Haut, **Lipide aufzunehmen**.

Samenöle liefern dem Körper reichlich essentielle Fettsäuren, z. B. die wertvolle gamma-Linolensäure. Schwangere dürfen Samenöle allerdings nicht innerlich einnehmen, weil es sonst zu Wehen kommen könnte.

Borretschsamenöl (Gurkenkraut)

Botanischer Name: Borago officinalis. Familie der Raublattgewächse.
Ursprung: Südeuropa, Kleinasien.
Gewinnung: Kaltpressung aus den Samen.
Wirkstoffe: 20–27% gamma-Linolensäure, andere essentielle Fettsäuren.

Wirkung auf der Haut

Die Tätigkeit der Zellen und die Selbstreinigungsfunktion der Haut wird **angeregt**. Borretschsamenöl **beruhigt** außerdem entzündliche Haut.

Anwendung

- Kurmäßige Pflege für **gestaute, entzündete**, aber auch zur **Atrophie** neigende Haut.
- In **Cellulite**-Präparaten.

Hanföl

Botanischer Name: Cannabis sativa. Familie der hanfartigen Maulbeerbaumgewächse.
Ursprung: Vermutlich Mittelasien, kultiviert in Zentralasien bereits vor ca. 9000 Jahren.
Gewinnung: Kaltpressung aus den Samen.
Wirkstoffe: Hoher Gehalt an ungesättigten Fettsäuren.

Psychedelisch (berauschend), aphrodisierend und euphorisierend wirkende Cannabinoide und Cannabinole sind nur in den weiblichen Blüten, dem von ihnen ausgeschiedenem Harz und den Blättern vorhanden.

Wirkung auf der Haut

Antiseptisch, reizlindernd, schmerzlindernd.

Anwendung

- Als Gesichts- und Massageöl bei entzündeter, irritierter, trockener Haut.
- Bei Neurodermitis zur Linderung der schmerzenden Hautstellen.

Rezeptbeispiel

Gesichtsöl für entzündete Haut
(Tägliche Anwendung)

25 ml Hanföl
25 ml Aloe-vera-Öl
3 Tropfen Bergamotte
1 Tropfen Schafgarbe
4 Tropfen Lavandin
2 Tropfen Sandelholz

Johannisbeersamenöl (Schwarze Johannisbeere)

Botanischer Name: Ribes nigrum. Familie der Steinbrechgewächse.
Ursprung: Europa.
Gewinnung: Kaltpressung aus den Samen.
Wirkstoffe: 17% gamma-Linolensäure, andere essentielle Fettsäuren, antibiotikaähnliche Wirkstoffe.

Wirkung auf der Haut

Die **Regeneration** der Haut fördernd, zellerneuernd, entzündungswidrig. Die Schwarze Johannisbeere stärkt außerdem die Lebenskraft.

Anwendung

- Kur-Pflege für die müde und **gestresste** Gesichtshaut. Lindert Reizungen.
- Als tägliche Pflege der **Akne**-Haut oder bei **Couperose**.

Rezeptbeispiel

Pflegeöl für Aknehaut

10 ml Johannisbeersamenöl
10 ml Jojobawachs
30 ml Aloe-vera-Öl
2 Tropfen Galbanum
2 Tropfen Sandelholz
3 Tropfen Ylang-Ylang
3 Tropfen Bergamottminze
6 Tropfen Zitrone

Kameliensamenöl

Botanischer Name: Camellia japonica. Familie der Teebaumgewächse; Zimmerpflanze.
Ursprung: Japan.
Gewinnung: Kaltpressung aus den Samen.
Wirkstoffe: Hoher, nicht definierter Gehalt an gamma-Linolensäure, andere essentielle Fettsäuren.

Wirkung auf der Haut

Das Kameliensamenöl ist **hochwirksam:** Lindert Reizungen und Rötungen sehr schnell, kittet rissige Haut, wirkt antiallergen.

Anwendung

- Als tägliche Pflege bei **trockener, empfindlicher** und bei **zu Entzündungen** neigender Haut.
- Bei **Neurodermitis** zur Linderung der Reizungen und Risse.
- Zur Pflege der **Haarspitzen** (v. a. vermischt mit Ylang-Ylang und Rosenholz).

Rezeptbeispiel

Gesichtsöl für empfindliche Haut

10 ml Kameliensamenöl
30 ml Aprikosenkernöl
10 ml Jojobawachs
1 Tropfen Styrax
2 Tropfen Schafgarbe
2 Tropfen Rosengeranie
5 Tropfen Bergamotte

Nachtkerzenöl

Botanischer Name: Oenotherae biennis. Familie der Nachtkerzengewächse.
Ursprung: Nordamerika.
Gewinnung: Kaltpressung aus den Samen.
Wirkstoffe: 7–10% gamma-Linolensäure, andere essentielle Fettsäuren.

Wirkung auf der Haut

Nachtkerzenöl wirkt allgemein **positiv** auf die **Hautfunktionen** ein. Es tonisiert die Gesichtsmuskulatur, vitalisiert die Haut.

Überlieferten Rezepturen zufolge werden dem Nachtkerzenöl haarwuchsfördernde Eigenschaften zugeschrieben.

Anwendung

- Für alle Hauttypen sehr gut geeignet.
- Vor allem als kurmäßige Pflege pur oder als **Aufbaupflege** in Gesichtsölen, Gesichtscremes und Körperölen zu verwenden.
- In **Haarkuren** gegen Haarausfall.

Rezeptbeispiel

Körperöl für gestresste Haut

20 ml Nachtkerzenöl
30 ml Jojobaöl
50 ml Macadamianußöl
2 Tropfen Benzoe Siam
7 Tropfen Rosenholz
2 Tropfen Magnolienblüte
8 Tropfen Lavendel (fein)
10 Tropfen Orange (süß)
6 Tropfen Douglasie

Rosa-mosqueta-Öl (Chilenisches Wildrosenöl)

Botanischer Name: Rosa rubiginosa, Rosa mosqueta (Muskatrose). Familie der Rosengewächse.
Ursprung: Chile.
Gewinnung: Kaltpressung der Kerne aus den Scheinfrüchten (Hagebutten) deshalb auch oft Hagebuttenkernöl genannt.
Wirkstoffe: 20% gamma-Linolensäure, andere essentielle Fettsäuren, natürliche Vitamin-A-Säure.

Wirkung auf der Haut

Zellerneuernd, gewebestraffend, feuchtigkeitsspendend. Durch den Gehalt an Vitamin-A-Säure nimmt es außerdem Einfluss auf das Hautrelief, **egalisiert Pigmentierungen,** reduziert **Hornhaut,** wirkt **Entzündungen** entgegen.

Rosa-mosqueta-Öl ist ein **Radikalfänger** und wirkt somit vorzeitiger Hautalterung entgegen.

Anwendung

- In Pflegeölen oder Gesichtscremes für **jeden** Hauttyp und Hautzustand.
- Zur Linderung der Symptome bei **Psoriasis, Neurodermitis, Akne** und **Sonnenbrand.**
- Fördert die Heilung von **Narben**, wirkt **Schwangerschaftsstreifen, Striae, Cellulite, Besenreisern** und **Krampfadern** entgegen.
- In Präparaten zur Pflege des **Augenbereichs**.
- Zur Pflege von **Hals, Dekolleté** und **Büste**.
- Zur **Reduzierung** von Hyperpigmentierungen und Altersflecken empfohlen.

Schwarzkümmelöl

Botanischer Name: Nigella sativa, Nigella damascena. Familie der Hahnenfußgewächse.
Ursprung: Vorderasien und Nordafrika.
Gewinnung. Kaltpressung der Samen, die sich in mohnähnlichen Kapseln befinden.
Wirkstoffe: Bis zu 65% mehrfach ungesättigte Fettsäuren, darunter ein sehr hoher Anteil an gamma-Linolensäure, bis zu 25% andere ungesättigte Fettsäuren, Palmitinsäure, Ölsäure.

Wirkung auf der Haut

Stabilisiert die **Zellmembranen**, wirkt **entzündungshemmend, stimuliert** das hauteigene Immunsystem, **neutralisiert** allergische Überreaktionen.

Wirkt **antibakteriell** und **antimykotisch.**

Anwendung

- Schwarzkümmelöl hat einen sehr starken, würzigen **Eigengeruch** und ist deshalb am besten in Mischung mit anderen Ölen zu verwenden.
- Als **Therapeutikum** bei Entzündungen, Hautausschlägen, Juckreiz, Neurodermitis, allergischen Ekzemen, Hautmykosen.

Rezeptbeispiel

Badeöl für allergische Haut
(2–3 EL dieser Mischung ins Vollbad geben)

50 ml Schwarzkümmelöl
50 ml Mandelöl
2 EL Sojalezithin (Emulgator)
5 Tropfen Sandelholz
5 Tropfen Cistrose
10 Tropfen Rosengeranie
10 Tropfen Lavendel extra
10 Tropfen Manuka
10 Tropfen Bergamotte

Hydrolate

Hydrolate, auch Hydrosole genannt, sind **Pflanzenwässer**, die als **Nebenprodukt** bei der Wasserdampfdestillation von ätherischen Ölen entstehen. Es gibt allerdings auch Hydrolate, z. B. aus den Holunderblüten oder den Mohnblüten, die destilliert werden, ohne ein ätherisches Öl aus diesen Pflanzen gewinnen zu können.

Im Hydrolat befinden sich **Spuren** des ätherischen Öls, im wesentlichen **Terpenalkohole, hydrophile** Substanzen und **Säuren**. Hydrolate sollten **frei** von Konservierungsstoffen und synthetischen Zusätzen sein.

Hydrolate sind milder in der Wirkung als die ätherischen Öle, können deren Wirksamkeit aber sinnvoll ergänzen, da sich im Pflanzenwasser die Substanzen befinden, die der Essenz fehlen und umgekehrt: Hydrolat und ätherisches Öl derselben Pflanze sind, gemeinsam eingesetzt, quasi von synergetischer Wirksamkeit.

Hydrolate im allgemeinen sind **haut- und schleimhautschonend, desinfizierend** und **tonisierend**. Sie regulieren den **pH-Wert** der Haut und erhalten den Säureschutzmantel. Sie erhöhen den **Feuchtigkeitsgehalt** in der Haut und bereiten sie für die Aufnahme von Lipiden und Wirkstoffen vor.

Hydrolate eignen sich hervorragend

- für Augenkompressen und Augenbäder,
- als Kopfhautlotionen,
- als Rasierwasser (frei von Alkohol),
- als Gesichtswasser (frei von Alkohol),
- für Stirnkompressen bei Überanstrengung,
- für Gaze-Auflagen zur Beruhigung von juckenden Hauterscheinungen,
- zum Desinfizieren nach dem Entfernen von Hautunreinheiten,
- zum Anrühren von Heilerdemasken und Packungen,
- als Mundwasser,
- zur Verdünnung von Deodorants, Parfüms und Raumsprays,
- zur Erfrischung, z. B. auf Reisen
- zur Aromatisierung von Mineralwasser (1 Teel./Glas).

Wässrige Substanzen sind in der Regel ohne Konservierung nicht sehr lange haltbar. Die **Haltbarkeit** beträgt ungefähr 1 Jahr. Nach Ablauf des Haltbarkeitsdatums sollten Pflanzenwässer keinesfalls mehr weiterverwendet werden, um eine Infizierung mit Keimen sicher auszuschließen.

Im Handel erhältlich sind: Cistrosenwasser, Hamameliswasser, Holunderblütenwasser, Kamillenwasser, Lavendelwasser, Lorbeerwasser, Melissenwasser, Myrtenwasser, Orangenblütenwasser, Pfefferminzwasser, Rosenwasser, Rosmarinwasser, Salbeiwasser, Sandelholzwasser und Teebaumwasser.

Hamameliswasser (Zaubernuss)

Botanischer Name: Hamamelis virginiana. Familie der Zaubernussgewächse.
Gewinnung: Wasserdampfdestillation der Rinden und Blätter; wird versetzt mit bis zu 20% Äthanol, um das Hydrolat zu stabilisieren.

Wirkung auf der Haut

Adstringierend, antiseptisch, **klärt** das **Hautbild** und belebt.

Anwendung

- Als Gesichtswasser bei entzündlicher, grobporiger Haut mit Komedonenbildung.
- Als Rasierwasser.

Holunderblütenwasser

Botanischer Name: Sambucus nigra. Familie der Geißblattgewächse.
Gewinnung: Wasserdampfdestillation der Blüten; wird mit bis zu 5% Äthanol versetzt, um das Hydrolat zu stabilisieren.

Wirkung auf der Haut

Stark **beruhigend**.

Anwendung

- Als Gesichtswasser bei empfindlicher, irritierter Haut.
- Als Gaze-Auflage bei Hautirritationen und Ekzemen.
- In beruhigenden Packungen, verrührt mit Heilerde oder Bolus alba.
- Als Rasierwasser bei empfindlicher Haut.
- In Kopfhautlotionen bei trockenen Schuppen und juckender Kopfhaut.

Myrtenwasser

Botanischer Name: Myrtus communis. Familie der Myrtengewächse.
Gewinnung: Wasserdampfdestillation der Blätter und blühenden Zweigspitzen.

Das Hydrolat aus der Myrte war schon in früheren Jahrhunderten als Schönheitswasser geschätzt. Es erhielt den Namen **Eau d'Ange**, Engelswasser. Ein Hinweis auf die makellose Schönheit, die wohl dieses Pflanzenwasser verleihen sollte.
In der Tat hat dieses Hydrolat eine **stoffwechselanregende, reinigende** Wirkung und macht

uns bei Langzeitanwendung vielleicht so schön wie einen Engel. Wir sollten uns diese Chance nicht entgehen lassen!

Wirkung auf der Haut

Entzündungshemmend, antiseptisch, die **Durchblutung anregend**, tonisierend, **entgiftend**, desodorierend, Rötungen mildernd.

Anwendung

- Als **Feuchtigkeitsphase** in Gesichtscremes für **Problemhaut**.
- Als **Gesichtswasser** bei entzündeter, schlecht durchbluteter, aber auch trockener, zu Rötungen neigender Haut.
- Als **Augenbad** bei geröteten Augen.
- In **Deodorants**, auch in Verbindung mit dem ätherischen Myrtenöl.
- Als **Mundwasser** und **Rasierwasser**.
- In **Kopfhautlotionen**: Entgiftet die Haarbodenzellen, eignet sich bei fetter Kopfhaut mit Schuppenbildung (auch für Kopfhautmassage), evtl. verschüttelt mit Zirbelkiefer-, Myrten- und Zitronenöl.

Orangenblütenwasser

Botanischer Name: Citrus aurantium var. amara. Familie der Rautengewächse.
Gewinnung: Wasserdampfdestillation der Blüten.

Das Orangenblütenöl (Neroli) und -hydrolat waren schon immer auch Bestandteil von Parfüms und Eaux de Toilettes, sehr bekannt der Duft des »Kölnisch Wasser«. Seine beruhigende und desodorierende Eigenschaft macht es zu einem **Erfrischungswasser** schlechthin.

Wirkung auf der Haut

Reinigend, aufbauend, entspannend auf die Gesichtsmuskulatur, desodorierend, reizlindernd, antiseptisch.

Anwendung

- Als **Feuchtigkeitsphase** in Gesichtscremes für empfindliche, müde, atrophische, reife Haut.
- Für **Stirnkompressen** bei Überanstrengung und Abgespanntheit.
- Für entspannende **Augenkompressen**.
- Als Rasierwasser bei sehr **empfindlicher** Haut.
- Als Erfrischungswasser, zur **Aromatisierung** von Speisen und Mineralwasser.

Rosenwasser

Botanischer Name: Rosa damascena. Familie der Rosengewächse.
Gewinnung: Wasserdampfdestillation der Blüten.

Das Hydrolat aus der Rose ist wohl das bekannteste. Aber: **Rosenwasser ist nicht gleich Rosenwasser.**

Rosenhydrolat ist ein echtes Geschenk.

Rosenwasser kann auch hergestellt werden, indem man ätherisches Rosenöl mit destilliertem Wasser und, in der Regel, Talkumpuder vermischt. Nicht vergleichbar in der Wirksamkeit mit dem **Hydrolat**.

Rosenhydrolat eignet sich auch schon für die Anwendung bei Babys und Kleinkindern: Man kann es bei **Neugeborenen** an Stelle von Rosenöl in die Duftlampe geben, es ersetzt die üblichen Mittel zur Behandlung der Augen, des Nabels und des Pos.

Rosenhydrolat ist ein traditionelles **Schönheitswasser**.

Es gibt in der **Küche** bestimmten Speisen eine ganz spezielle Note (z. B. Marzipan).

Wirkung auf der Haut

Harmonisierend, reinigend, erfrischend, tonisierend.

Anwendung

- Als Gesichtswasser für **jeden** Hauttyp, besonders für die trockene Haut.
- Als Rasierwasser für **leicht reizbare** Haut.
- Beruhigt **allergische** Haut: Auflagen mit Rosenwasser tränken.
- Für Augenkompressen zur **Entspannung** der Augen, lindert Juckreiz (auch bei Bindehautentzündung).
- Belebt den Haarboden: Massagen bei Haarausfall und Juckreiz.
- In **allen** Präparaten, die der Behandlung der Haut im Kosmetikstudio oder der täglichen Pflege zu Hause dienen.

Teebaumwasser

Botanischer Name: Melaleuca alternifolia. Familie der Myrtengewächse.
Gewinnung: Wasserdampfdestillation der Blätter.

Das Hydrolat des Teebaums Melaleuca alternifolia ist relativ neu auf dem Markt. Es ergänzt die Wirkungsweise des ätherischen Öls und ersetzt es auch oft da, wo die Anwendung der Essenz wegen der Gefahr der Haut- und Schleimhautreizung zu groß wäre.

In vielen Büchern wird die innerliche Einnahme des Teebaumöls empfohlen. Sollten Sie eine dieser Anwendungen in Betracht ziehen, versuchen Sie es doch lieber mit dem Hydrolat, evtl. angereichert mit einer Minimaldosierung des ätherischen Öls!

Wirkung auf der Haut

Antiseptisch, bakterizid, fungizid, blutstillend.

Anwendung

- Als Mundwasser.
- Im Deodorant.
- Als Gesichtwasser bei unreiner, entzündeter Haut.
- Nach dem Entfernen von Hautunreinheiten, auch wenn es blutet.
- Als Rasierwasser, vor allem bei fetter, unreiner Haut.
- Zum Anrühren von Reinigungsmasken.

Rezeptbeispiel

Reinigungsmaske für unreine Haut

1 EL Heilerde mit Teebaumwasser verrühren.
1 Tropfen Teebaumöl
1 Tropfen Zitrone
1 Tropfen Ylang-Ylang dazugeben.
Auftragen, antrocknen lassen, mit Schwämmchen und feucht-warmen Kompressen wieder abnehmen.

Sie finden beschrieben, wie Sie eine ganzheitliche Aromabehandlung am besten aufbauen, und lernen Schritt für Schritt und anhand vieler Fotos den Ablauf einer Aromamassage kennen.

Das Buch schließt ab mit einem Bezugsquellennachweis und einer Liste weiterführender Literatur.

Und zum besseren Eingewöhnen haben wir es in der neuen Rechtschreibung gesetzt.

Die Praxis

Richtlinien für den Einkauf

Wo bekommt man ätherische Öle, Trägeröle und Hydrolate?

Ätherische Öle, fette Öle und Samenöle, die Sie für ihre Mischungen benötigen, und auch die Hydrolate, kaufen Sie am besten dort, wo **fachkompetente Beratung** gewährleistet werden kann. Das sind in der Regel spezielle Duftläden, Naturkosmetik-Geschäfte, Naturwaren-Geschäfte, Reformhäuser und Apotheken.

Besitzen Sie ein eigenes Geschäft, kaufen Sie am besten bei **Großhändlern** ein, die höchste Qualität, engagierte Kundenbetreuung und von der Firma installierte Fortbildungsmöglichkeiten bieten.

Wenn Sie selbst erfolgreich auf dem Gebiet der Aromakosmetik sein wollen, müssen Sie sich das notwendige Wissen dafür mit eigenem Engagement aneignen, da es bisher an Kosmetikschulen keine Ausbildung zur Aromakosmetikerin gibt.

In diesem Zusammenhang möchte ich Ihnen dringend von sog. Ausbildungen zum Aromatherapeuten abraten. Nicht-Mediziner dürfen diese Tätigkeit in Deutschland nur dann ausüben, wenn sie einen heilpraktischen oder körpertherapeutischen Abschluss nachweisen können.

Qualitätskriterien

1. Reinheit ätherischer Öle

Essenzen sollten **100% rein** sein. Was heißt das?

Seit etwa 150 Jahren können ätherische Öle synthetisch hergestellt werden. Bei manchen Düften ist die **Synthetik** offensichtlich, da bis heute kein Verfahren zur Gewinnung von ätherischen Ölen aus diesen Pflanzen bekannt ist. Meist sind dies Blütenöle, deren ätherisches Öl an Enzyme gebunden ist, die freigesetzt sofort oxydieren.

Strecken von ursprünglich natürlichen, ätherischen Ölen mit fettem Öl oder Alkohol, im schlimmsten Fall mit Petroleum, sind einige der vielfältigen **Fälschungsmethoden**, die auf diesem Markt praktiziert werden.

Naturidentische Aromastoffe sind nichts anderes als **synthetische** Düfte, deren chemische Struktur mit dem natürlichen Ausgangsstoff identisch ist.

Apfelblüte, Kirschblüte, Pfirsichblüte, Geißblatt, Lotus, Maiglöckchen, Flieder, Veilchenblüte, Lilie – diese Blütenöle sind immer synthetisch hergestellt!

Fraktionierte Öle sind ätherische Öle, die bezüglich ihrer Inhaltsstoffe und Dichte verändert wurden. Dies garantiert eine Qualität mit gleich bleibenden Inhaltsstoffen und physikalischen Eigenschaften, wie sie den Vorschriften des Deutschen Apothekerbuches (DAB) entspricht.

Reine ätherische Öle sind weder mit Synthetik vermischt, noch verfälscht, noch gestreckt oder fraktioniert.

Höchste Qualität **toleriert** die **Schwankungen** bezüglich der Inhaltsstoffe, die von der Bodenbeschaffenheit, dem Klima allgemein, den Witterungsverhältnissen während des Wachstums und der Erntezeit im Speziellen und der Pflanzengattung abhängig sind.

Beispiel Lavendel:
Lavandula officinalis kann der sog. Lavendel fein oder der sog. Lavendel extra sein.
Lavendel fein heißt das ätherische Öl der kultivierten Variante des echten Lavendels. Bis heute sind über 160 Inhaltsstoffe, die diese Essenz aufweist, bekannt.
Lavendel extra ist die Essenz aus dem echten, in großen Höhen wild wachsenden Lavendel: Eine kleine Pflanze mit bis zu 10 Blütenständen, die ein ätherisches Öl wertvollster Qualität liefert. Über 200 Inhaltsstoffe wurden bisher analysiert und bestimmt.
Lavandin oder **Lavandula hybrida** dagegen ist eine Kreuzung aus dem oben beschriebenen echten Lavendel und dem Speiklavendel; ein wild wachsender Verwandter, der im wesentlichen Cineol und Kampfer enthält.
Die Wirkung des Lavandin ist daher eher anregend.
Lavandin ist wesentlich ertragreicher und pflegeleichter als der echte Lavendel und deshalb bei den Anbauern beliebter.

Ölkauf ist Vertrauenssache!

Seriöse Anbieter ätherischer Öle führen **eigene Kontrollen** zur Qualitätssicherung durch, mit

- eigenen Vertragsbauern und Anbau- bzw. Wildsammlungsprojekten,
- Zertifizierung der Projekte durch anerkannte Anbauverbände, z.B. Naturland, Demeter, Nature & Progress,
- olfaktorischer Beurteilung des Endprodukts,
- gaschromatographischen Untersuchungen,
- Bestimmung der physikalischen Parameter.

und lassen sich zudem von einer **unabhängigen Prüfstelle** kontrollieren.

Der Bundesverband Naturkost/Naturwaren e.V. (BNN) ist ein prüfendes Organ, das Richtlinien für die Herstellung und den Vertrieb von ätherischen Ölen erarbeitet hat. Dieser Verband kontrolliert seine Mitglieder hinsichtlich Verarbeitung, Lagerung, Deklaration, Warenfluss, Verpackungsmittel und ökologischer Zertifizierung, d.h. er überprüft, ob die Kriterien der anerkannten Anbauverbände erfüllt werden.

Eine weitere Prüfmarke ist die EG-Bioverordnung. Geprüfte Betriebe erhalten eine **EG-Zulassungsnummer**.

Details über Qualität und Herkunft eines ätherischen Öls sollten immer **deklariert** sein, und zwar in der Preisliste eines Anbieters und auf dem Etikett der Flaschen. Folgende Angaben sind wichtig:

- botanischer Name der Pflanze,
- Herkunft der Pflanze,
- Pflanzenteil, aus dem das ätherische Öl gewonnen wurde,
- Anbauverband,
- Gewinnungsverfahren.

Die chemischen Inhaltsstoffe, bzw. Hauptwirkstoffe sollten beim Anbieter nach Bedarf abgefragt werden können.

2. Fette Öle

Die beste Qualität fetter Öle ist **kaltgepresst**, je nach Pflanze filtriert.
Mazerate sind Pflanzenauszüge in fettem, kaltgepresstem Öl.

Aus Erdöl **veredelte Mineralöle** sind **nicht** für die Hautbehandlung **geeignet**. Sie entsprechen nicht der natürlichen Struktur der Haut und können nicht von ihr aufgenommen werden; sie verstopfen die Poren.

3. Samenöle

Samenöle enthalten Schleimstoffe und wasserlösliche Vitamine, die sehr heilkräftig sind, aber für die kosmetische Anwendung nicht von Bedeutung. Diese Stoffe beschleunigen die Oxidation mancher Samenöle und geben ihnen einen sehr starken, oft nicht sehr gefälligen Eigengeruch.

Samenölen, die für die Körperpflege verwendet werden, werden diese Stoffe durch ein Raffinationsverfahren entzogen.

4. Hydrolate

Hydrolate entstehen ausschließlich durch **Wasserdampfdestillation**.

Es gibt also nur Hydrolate von Pflanzen, die destilliert werden können.

Denken sie bitte beim Kauf von ätherischen Ölen, Basisölen und Hydrolaten daran: Qualität hat ihren Preis!

Dadurch erklären sich die teilweise extremen Preisschwankungen bei ätherischen Ölen, Basisölen und Pflanzenwässern.

Jeder Verwender, der Qualität fordert, trägt dazu bei, dass mehr hochwertige Qualität angeboten wird.

Allgemeine Richtlinien für die Anwendung

Lagerung und Haltbarkeit

Ätherische Öle sollten **kühl** und **lichtgeschützt** aufbewahrt werden; entweder in Braun- oder Violettglasflaschen.

Ätherische Öle sind eigentlich unbegrenzt haltbar. Allerdings verändert sich bei den meisten Essenzen nach einiger Zeit das Duftbouquet zum Negativen und sie verlieren an Wirkkraft.

Ätherische Öle behalten in der Regel ca. **3 Jahre** ihre Qualität, vorausgesetzt, die Lagerbedingungen sind erfüllt und die Flaschen gut verschlossen.

Ätherische Öle sind hochwirksame Substanzen! Kindern unzugänglich aufbewahren!

Zitrusöle und **Koniferenöle** behalten ungeöffnet ca. 1 Jahr die Qualität. Geöffnet sollte man sie, vor allem in der wärmeren Jahreszeit, im Kühlschrank lagern.

Blütenöle und auch **Wurzelöle** reifen wie guter Wein. Je höher das Reifungsalter, desto wertvoller werden sie.

Fette Öle und **Hydrolate** verfügen in der Regel über ein Haltbarkeitsdatum auf der Flasche. Auch sie sollten am besten in Braun- oder Violettglasflaschen aufbewahrt werden.

Welche Vorsichtsmaßnahmen sind beim Gebrauch von ätherischen Ölen zu treffen?

Fast alle ätherischen Öle können **unverdünnt hautreizend** wirken. Da sie nicht wasserlöslich, aber **fettlöslich** sind, eignen sich folgende Substanzen als Verdünner und Emulgatoren:

- fette Öle , Samenöle und Wachse,
- neutrale Cremegrundlagen,
- Sahne, Honig, Eigelb und Butter,
- neutrale, waschaktive Substanzen,
- neutrale Ölbäder,
- Hydrolate, vermischt mit Alkohol.

Bei der professionellen Hautbehandlung kann **im Einzelfall** eine **unverdünnte** Anwendung mit ätherischen Ölen gemacht werden (s. S. 101 f.).

Ätherische Öle nur in Verdünnung auf der Haut anwenden!

Ätherische Öle wirken **nicht toxisch** und **nicht allergen**, wenn man über die Wirksamkeit der verwendeten Essenzen Bescheid weiß und die Richtlinien der Dosierung beachtet.

Bei Zitrusölen empfiehlt sich allerdings vor der Anwendung ein **Armbeugetest**, der darüber Aufschluss gibt, ob eine Hypersensibilität gegenüber Zitrusölen besteht. Bei **Allergikern** sollte man grundsätzlich einen Armbeugetest durchführen.

Einigen anderen Essenzen wird eine **sensibilisierende** Wirkung zugeschrieben. Sie können bei Menschen mit überempfindlicher Haut Reizungen hervorrufen. Deshalb empfehle ich für diese Öle eine maximale Konzentration im fetten Öl von 0,2%: ≙ ca. 2 Tropfen auf 50 ml fettes Öl (s. S. 103 ff.):

- Basilikum,
- Benzoe,
- Eisenkraut (Zitronenverbene),
- Thymian serpyllum und Thymian Typ Thymol,
- Ingwer,
- Jasmin,
- Kamille (römisch und blau),
- Litsea cubeba,
- Lorbeer,
- Nanaminze,
- Schafgarbe,
- Styrax,
- Teebaum (Melaleuca alternifolia),
- Vanille,
- Ylang-Ylang,
- Lemongrass,
- Melisse,
- Honig.

Ätherische Öle sind in der Regel gut verträglich. Mit bestimmten Essenzen sollten Sie allerding bei Schwangeren, Allergikern und Epileptikern vorsichtig sein. Bei Kindern milde Öle verwenden und vorsichtig dosieren!

Des weiteren gibt es ätherische Öle, mit einem hohen Anteil an Cumarinen oder Furocumarinen. Sie wirken **photosensibilisierend**, das heißt, die Licht- bzw. **Sonnenempfindlichkeit** der Haut wird **erhöht** (es entsteht rascher ein Sonnenbrand) oder **phototoxisch**, das heißt, eine Hyperpigmentierung der Haut wird verursacht.

Folgende Essenzen besitzen aufgrund ihrer Inhaltsstoffe diese Eigenschaft:

- Eisenkraut,
- alle Zitrusfrüchte **außer** Grapefruit,
- Lemongrass,
- Citronella,
- Angelikawurzel,
- Zimtrinde, Zimtblätter, Cassia.

Eine ganze Reihe ätherischer Öle besitzt die Eigenschaft, eine stimulierende, entkrampfende und durchblutungsfördernde Wirkung in der Gebärmutter hervorzurufen.

Diese Essenzen nie während einer Schwangerschaft einmassieren!

Vollkommen zu meiden sind die ätherischen Öle von:

- Anis,
- Angelikawurzel,
- Basilikum,
- Cistrose,
- Estragon,
- Thymian serpyllum und Thymian Thymol,
- Fenchel süß,
- Galbanum,
- Gewürznelke,
- Kreuzkümmel,
- Lorbeer,
- Majoran,
- Muskat,
- Muskatellersalbei,
- Myrrhe,
- Wacholder,
- Ysop,
- Zimt.

Während der ersten 4 Schwangerschaftsmonate sollte verzichtet werden auf:

- Eisenkraut (Zitronenverbene),
- Pfefferminze,
- Rose,
- Rosmarin.

Für **Epileptiker** sind ätherische Öle gefährlich, die eine sehr starke Wirkung auf das Nervensystem haben:

- Basilikum,
- Estragon,
- Fenchel süß,
- Kampfer,
- Majoran,
- Muskatellersalbei,
- Rosmarin,
- Salbei,
- Ysop.

Für **Säuglinge** und **Kleinkinder** und **Kinder bis zu 12 Jahren** gelten besondere Regeln für den Gebrauch von ätherischen Ölen:

Säuglinge von 0 bis 12 Monaten
Für Bäder, Massageöle und in der Duftlampe nur die mildesten Öle verwenden: 1–2 Tropfen auf 100 ml, 1 Tropfen in der Duftlampe oder besser ein Hydrolat.

Kleinkinder von 1 bis 5 Jahren
Obige Dosierung um maximal das Doppelte erhöhen.

Kinder von 6 bis 12 Jahren
Ungefähr die Hälfte der angegebenen Dosis für Erwachsene.

Menschen, die sich in **homöopathischer Behandlung** befinden, sollten nach allgemeiner Auffassung die ätherischen Öle aus

- Pfefferminze,
- Eukalyptus globulus,
- Kamille römisch,
- Kampfer,
- Pfeffer schwarz

meiden.

Diese Essenzen gelten als **Antidot** (Gegenmittel) zu homöopathischen Medikamenten.

Den Einzelfall aber am besten mit dem behandelnden Arzt besprechen.

Es gibt eine Anzahl ätherischer Öle, die bei innerlicher Einnahme, vor allem über einen längeren Zeitraum, **toxisch** wirken können. Andere sind für den Menschen **grundsätzlich giftig**.

Von der innerlichen Einnahme ätherischer Öle ist grundsätzlich abzusehen!

Diese Essenzen haben auch aufgrund ihrer chemischen Inhaltsstoffe gleichzeitig **hautreizende** und **schleimhautreizende** Eigenschaften.

Folgende ätherischen Öle wirken toxisch und reizen Haut und Schleimhäute:

- Anis,
- Tulsi (exotischer Basilikum) ,
- Estragon,
- Eukalyptus,
- Gewürznelke,
- Kampfer,
- Koriander,
- Lorbeer,
- Muskat,
- Nachthyazinthe (Tuberose),
- Schwarzer Pfeffer,
- Thymian serpyllum und Thymian Thymol,
- Wacholder,
- Ysop,
- Zimtblätter und Zimtrinde.

Die genannten ätherischen Öle können Sie für kosmetische Anwendungen **unbedenklich** verwenden, wenn Sie die Dosierung gering halten, **ca. 0,1 %** (das entspricht, je nach Dichte des ätherischen Öls, 2–3 Tropfen Essenz auf 100 ml Trägersubstanz) und sie **nicht länger** als zwei Wochen in Folge benutzen.

Kindern unter 12 Jahren sollten diese ätherischen Öle grundsätzlich nicht verabreicht werden, weder auf der Haut, noch in der Duftlampe.

Grundsätzlich giftig sind die ätherischen Öle aus:

- Beifuß (Artemisia vulgaris),
- Bittermandel (Prunus amygdalis var. amara),
- Boldoblättern (Peumus boldus),
- Eberraute (Artemisia abrotanum),
- Fenchel bitter (Foeniculum vulgare),
- Gänsefuß (Chenopodium ambroisoides),
- Kalmus indisch (Acorus calamus),
- Meerrettich (Armoracia cochlearia)
- Poleiminze (Mentha pulegium),
- Rainfarn (Tanacetum vulgare),
- Sassafras (Sassafras albidum),
- Senf (Brassica nigra),
- Sadebaum (Juniperus sabina),
- Thuja (Thuja occidentalis),
- Weinraute (Ruta graveolens),
- Wurmsamen (Chenopodium anthelminticum),
- Wermut oder Absinth (Artemisia absinthium).

»Alles ist Gift, und nichts ist ohne Gift, allein die Dosis macht, dass ein Ding kein Gift sei.« Paracelsus

Diese ätherischen Öle können sehr wohl in der **Aromatherapie** und **Aromamedizin** eingesetzt werden. Genauso wie in der Homöopathie kommt es nämlich auch hier auf die Dosierung und die Art der Anwendung an.

Medizinische Laien sollten die genannten Essenzen allerdings gänzlich meiden!

Wie können ätherische Öle eingesetzt werden?

Ätherische Öle können über die Haut, über die Nase und über den Mund aufgenommen werden.

Die Aufnahme **über den Mund** (oral) ist der Aromatherapie und Aromamedizin vorbehalten. Sie gleicht sehr der schulmedizinischen Anwendung und lässt, wie ich finde, oft den ganzheitlichen Ansatz vermissen. Für aromakosmetische Anwendungen ist sie von keinerlei Bedeutung.

Für die Aromakosmetik interessant sind jedoch die Aufnahme über Nase oder Haut.

Über die Haut (dermal)

Bei der Aufnahme über die Haut und über die Schleimhäute haben wir eine direkte **körperliche** Wirkung. Wir tragen die Ölmischung auf die Haut auf, die ätherischen Öle dringen durch die Hautschichten bis ins Muskelgewebe und in die Gelenke.

Von den Hautkapillaren aus gelangen die Duftmoleküle in den Blutkreislauf, in das Herz, in die Leber, die Bauchspeicheldrüse, die Fortpflanzungsorgane, schließlich in die Nieren und die Blase.

Über die Haut wirken die ätherischen Öle genau an der Stelle, wo sie gebraucht werden.

Durch das Einmassieren ist gleichzeitig ein für den Genesungsprozess wichtiger Punkt erfüllt: eigene oder fremde Zuwendung (Streicheleinheiten).

Körperlich wirksam **über die Haut** können wir die ätherischen Öle einsetzen:

- In **Massageölen** für die Ganzkörper- oder Teilmassage von Gesicht, Rücken, Händen, Füßen, Ohren, Bauch/Solarplexus.
- Für kosmetische Anwendungen und in Pflegeprodukten im **Gesichts- und Körperbereich:** Kompressen, Masken, Packungen, Peelings, Tiefenreinigungsmasken, Pflegecremes, Reinigungsmilch, Gesichtswässer, Körperlotionen, Körperöle, Duschgels, Badezusätze.
- Für die **Haarpflege** in Shampoos, Packungen, Spülungen, Kopfhautlotionen, Styling-Produkten.

Hierzu können wir die Essenzen **vermischen/verschütteln/verrühren**

- mit fetten Ölen,
- in Hydrolaten,
- in neutralen Cremegrundlagen,
- in neutralen waschaktiven Substanzen,
- in neutralen emulgierten Ölen,
- in Tonerden, Lavaerde, Bierhefe, Kleie, Meersalz,
- im Kompressenwasser und im Dampfbad .

Über die Nase (nasal)

Bei der Aufnahme über die Nase (durch Verdampfen der Duftmoleküle) haben wir eine direkte **psychische** Wirkung. Wir inhalieren die Düfte ein, dadurch gelangen sie in die Nase und die Lungen. Über die Lungen geht ein geringer Teil ätherisches Öl in den Blutkreislauf, der Großteil aber sofort in die Gehirnzentren. Hormone und neurochemische Stoffe werden ausgeschüttet.

Über die Gehirnzentren nehmen die ätherischen Öle **direkt und unvermittelt** Einfluss auf unser Gedächtnis, unsere Lernfähigkeit und unsere Gefühlswelt. Sie steuern intellektuelle Prozesse mit, kontrollieren unser Aggressionspotential und stimulieren unsere sexuelle Wahrnehmungsfähigkeit.

Zur Förderung der **psychischen Entspannung** können wir ätherische Öle **verdampfen** und **verströmen**

- in Dampfbädern,
- in der Duftlampe,
- über das Vapozongerät,
- über den Aromaventilator,
- über den Feinzerstäuber (Diffuseur).

Ätherische Öle, auf die Haut aufgetragen, werden von den Hautkapillaren aufgenommen und mit dem Kreislauf an die Stelle transportiert, wo sie gebraucht werden. Atmen wir Duftmoleküle durch die Nase ein, gelangen sie direkt ins Hirn und entfalten dort ihre psychische Wirkung.

Der **Aromaventilator** (Aromastreamer) ist ein Gerät, mit dem ohne Wärmequelle und Wasser ätherische Öle fein verwirbelt werden können. Im unteren Teil des Geräts befindet sich eine Vlieskartusche, auf die die ätherischen Öle geträufelt werden. Der **Feinzerstäuber** oder Diffuseur ist ein Gerät zur kalten Zerstäubung von ätherischen Ölen. Das Gerät besteht aus einem Glaszerstäuber und einem Gehäuse, in dem sich ein Pumpe befindet.

Die unverdünnte Anwendung

In aller Regel verdünnen wir die ätherischen Öle (s. S. 72). Bei verschiedenen umschriebenen Hautproblemen können wir die ätherischen Öle **ausnahmsweise** auch **unverdünnt** anwenden, z.B. bei Pusteln, lokal abgegrenzten, nässenden Ekzemen, Stichen, Schnittwunden und Haut- und Nagelmykosen. In bestimmten Intervallen tupfen wir dann das geeignete ätherische Öl **lokal**, also nur auf die betroffene Hautstelle, auf (s. S. 128).

Die Raumbeduftung

Wir können mit ätherischen Ölen unsere Umgebung auffrischen.

Ätherische Öle können die Luft ionisieren und mit Sauerstoff versorgen. Ätherische Öle im Zimmer dürfen auch mal den Waldspaziergang ersetzen. Durch ihre antiseptischen und desodorierenden Eigenschaften tragen sehr viele Essenzen zur **Desinfektion** in den Räumen bei.

So, wie ein Wasserfall seiner Umgebung Frische und neue Energie spendet, können ätherische Öle, wenn wir sie verströmen, uns **entspannen, aktivieren** und **harmonisieren**.

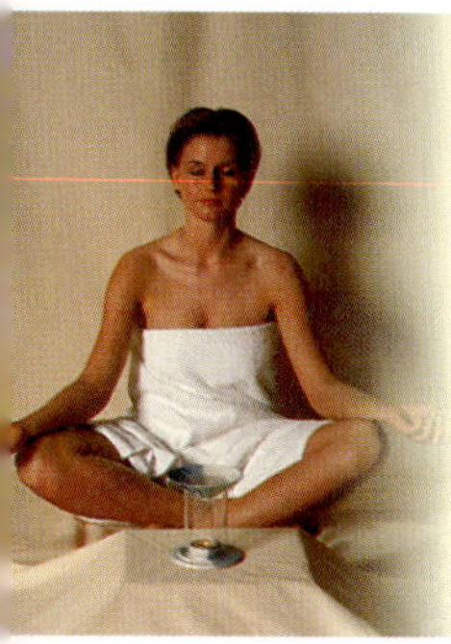

Wenn wie ätherische Öle über Duftlampen verdunsten, verleihen sie unseren Räumen Frische und tragen zu guter Stimmung bei. Dazu genügen schon wenige Tropfen einer angenehmen Essenz.

Wir wissen bereits: Wenn wir Düfte über unseren Riechsinn aufnehmen, gelangen sie direkt in unsere Gehirnzentren und beeinflussen unsere Stimmungen und unseren Körper.

Wichtig sind die Maße einer Duftlampe.

Um den Essenzen diese Wirkung zu entlocken, müssen wir sie **verdunsten** oder verströmen, damit sie sich in feinste Partikel verteilen. Die wohl bekannteste Form des Verdunstens ist die mittels einer **Duftlampe**, betrieben mit einem Teelicht oder auch elektrisch.

Der Abstand zwischen Wärmequelle und Wasserschale, die Größe und Tiefe der Wasserschale im Verhältnis zur Höhe der Duftlampe müssen genau berechnet sein, damit das Wasser wohl die geeignete Temperatur erreicht, aber nicht köchelt. Die **unterschiedlichen** Duftnoten brauchen unterschiedliche Wassertemperaturen, um sich optimal zu entwickeln: Am wenigsten heiß mögen es die hohen Duftnoten, z. B. Zitrone, Orange etc. Sie oxidieren leicht und entwickeln brenzlige Gerüche, wenn das Wasser zu köcheln beginnt.

Duftlampen müssen **regelmäßig gereinigt** werden, entweder mit Alkohol oder speziellen Reinigungsmitteln, die mittlerweile im Handel sind. Eingebrannte Rückstände könnten unangenehme, unter Umständen sogar giftige Geruchsverbindungen entstehen lassen.

Ohne Wasser kann man ätherische Öle mittels eines **Aromaventilators** verströmen (s. S. 101). Die Essenzen werden auf Vliese geträufelt, die immer wieder erneuert werden müssen. Die Düfte entfalten sehr schnell ihr Bouquet, deshalb ist diese Methode ideal für **Praxisräume**. Auch in allen Räumen, in denen das offene Feuer eines Teelichts negative Folgen haben kann, ist die Benutzung dieses sogenannten Streamers von Vorteil.

Neu auf dem Markt sind **Duftbrunnen:** Eine hervorragende Verbindung der Energie von fließendem Wasser und Düften. Sie sorgen auch für angenehme Luftfeuchtigkeit in den Räumen, vor allem in den Wintermonaten, wenn geheizt wird. Sie sind allerdings nicht geeignet für sehr zähflüssige, harzige Essenzen, eher für sehr leichte, flüssige, da die Wasserpumpe sehr leicht verkleben kann.

Unser Geruchssinn kann natürliche Düfte nur ca. 20 bis 30 Minuten **bewusst** wahrnehmen. Die Duftmoleküle jedoch **haften** im Raum und behalten ihre Wirkung. Deshalb nicht immer dann ätherisches Öl nachgeben, wenn der Geruch nachlässt und auch nicht immer wieder neue Düfte innerhalb kürzester Zeit verwenden.

Auch durch Düfte kann es zu **Reizüberflutung** kommen: Der erwachsene Mensch reagiert mit Übelkeit und Kopfschmerzen. Säuglinge und Kleinstkinder haben sehr gering ausgeprägte Reizschranken und können sich nicht artikulieren: Bitte unbedingt die Dosierungsempfehlungen beachten (s.u.).

Auf die Dosierung kommt es an!

Bei einer Raumgröße von etwa 20 m² sollten Sie nicht mehr als 10 Tropfen in die Duftlampe, den Streamer (Aromaventilator) oder in den Duftbrunnen geben.

Richtiges Dosieren und Mischen

Zu diesem Kapitel gibt es **keine einschlägigen** Untersuchungsergebnisse, die Aromakosmetik stützt sich hier auf Richtwerte, die der Literatur zu entnehmen sind oder den Erfahrungen der Praktiker.

Generell sollte man beim Mischen und Dosieren aber eher zurückhaltend sein.

Gehen Sie mit den Menschen, die sich Ihnen anvertrauen und den Essenzen, mit denen Sie sich vertraut gemacht haben, sorgsam um. Behandeln Sie beide wie Kostbarkeiten!

Empfehlenswerte Rezepte für die Duftlampe

Für mehr Energie und Stabilität

3 Tropfen Zeder, ½ Tropfen Melisse, 2 Tropfen Lorbeer und 4 Tropfen Zitrone

Zur Entspannung bei Nervosität

2 Tropfen Zirbelkiefer, 2 Tropfen Rosengeranie und 4 Tropfen Rosenholz

Richtet auf und macht Mut

3 Tropfen Douglasie, 4 Tropfen Myrte (Türkei) und 2 Tropfen Zypresse

Zur Entspannung bei Überreiztheit

3 Tropfen Honig, 2 Tropfen Muskatellersalbei und 5 Tropfen Zitrone

Lässt Durchatmen

3 Tropfen Weißtanne, 2 Tropfen Pfefferminze und 5 Tropfen Rhododendron

Zur Reinigung der Luft (verrauchte Räume)

3 Tropfen Wacholder, 3 Tropfen Lavandin und 4 Tropfen Zitrone

Für sinnliche Stunden

2 Tropfen Styrax, 1 Tropfen Jasmin und 5 Tropfen Grapefruit
oder
3 Tropfen Vanille, 1 Tropfen Neroli und 5 Tropfen Orange süß

Die Dosierung

Rezeptvorgaben sind im Bereich der Anwendung von ätherischen Ölen allgemein beliebt. Dagegen ist grundsätzlich nichts einzuwenden; kann man sich als Verwender doch auf die Erfahrung derer verlassen, die solche Rezepte empfehlen. **Individuelle** Behandlung jedoch kennt keine Rezepte!

Ich möchte Sie an dieser Stelle **ermuntern**, mit den Essenzen zu experimentieren, sie zu begreifen, eigene Erfahrungen damit zu sammeln.

Höchstdosierung

Folgende **Mittelwerte für die Höchstdosierungsmenge**, d.h. der Anteil, den ein ätherisches Öl für die **Anwendung auf der Haut**, maximal in einer Trägersubstanz einnehmen **könnte,** gelten meiner Erfahrung nach für die in diesem Buch beschriebenen ätherischen Öle:

- Basilikum 0,1 %
- Benzoe Siam 0,1 %
- Bergamotte 2 %
- Cistrose 1 %
- Eisenkraut (Zitronenverbene) 0,1 %
- Galbanum 1 %
- Geranie (Rosengeranie) 8 %
- Grapefruit 10 %
- Honigessenz 1 %
- Immortelle 2 %
- Jasmin 1–2 %
- Kamille römisch 2–3 %
- Koniferen 4 %
- Koriander 3 %
- Lavendel fein, Lavendel extra 10–15 %
- Lavandin 4 %
- Lorbeer 0,1 %
- Magnolienblüte 3–4 %
- Melisse (Zitronenmelisse) 0,5 %
- Mimose 1 %
- Muskatellersalbei 3–4 %
- Myrte 4 %
- Neroli 1–2 %, Petit grain 4 %, Pomeranze 2%
- Orange süß 4 %
- Pfefferminze 5 %
- Rose (Damaszenerrose) 1–2 %
- Rosenholz 8 %
- Rosmarin 2 %
- Sandelholz 8 %
- Schafgarbe 2–3 %
- Styrax 0,1– 0,2 %
- Teebäume: Tea-Tree (Melaleuca alternifolia) 4%, Manuka 4–6 %
- Thymian serpyllum 1 %, Thymian Thymol 0,1–0,2 %, Thymian Linalol 3–4 %
- Vanille 1–2 %
- Vetiver 0,1–0,2 %
- Wacholderbeere 2–3 %
- Weihrauch 2–3 %
- Ylang-Ylang 3–4 %
- Zeder 2–3 %
- Zitrone 4–6 %
- Zypresse 2–3 %

Allgemeine Erfahrungswerte

Aufgrund ihrer chemischen Zusammensetzung können unterschiedliche ätherische Öle in unterschiedlicher Konzentration in einer Trägersubstanz verarbeitet werden, **ohne** dass sie bei normal empfindlichen Menschen eine **Hautreizung** hervorrufen.

Was bedeutet das?

Die Höchstdosierungsmenge sagt etwas über die Milde bzw. Hautverträglichkeit eines ätherischen Öls aus. Erst wenn über die angegebenen Prozentsätze dosiert wird, ist bei normaler Haut eine Reizung wahrscheinlich.

Im **Gesamtvolumen** einer Mischung darf der Anteil eines ätherischen Öles den angegebenen Höchstwert nicht übersteigen. Die folgenden Mengenangaben entsprechen wiederum Erfahrungswerten. Die **Prozentzahl** bezieht sich auf den Anteil **aller** ätherischen Öle in der Trägersubstanz, die für eine Mischung verwendet werden.

Produkte für die Heimpflege (tägliche Anwendung vorausgesetzt):

- Gesichtsöl oder -creme 0,5–1 %; Parfümierung 0,2 %: Ein Parfüm enthält bis zu 15 % Anteil ätherisches Öl.
- Körperöl 1–2 %.
- Badeöl und Schaumbad 3 %; davon 2 EL pro Vollbad.
- Duschgel und Shampoo 1,5–2 %.
- Kopfhautlotionen 2–4 %.
- Reinigungsmilch und Gesichtswasser 0,5 %.

Therapeutika für die Heimpflege (3-4-malige Anwendung pro Woche vorausgesetzt):

- Massageöl zur Stärkung der Gefäße an den Beinen 3–5 %.
- Massageöl, zur Vorbeugung von Cellulite 5 %.
- Massageöl zur Vorbeugung von Schwangerschaftsstreifen 1 %.

Aromakosmetische Behandlung im Institut (2- bis 4wöchige Behandlungsintervalle vorausgesetzt):

- Gesichtsmassage 1,5–3 %.
- Körpermassage 3–5 %.

Bei diesen Dosierungen werden während der weiteren Behandlung keine ätherischen Öle mehr verwendet, es sei denn im Vapozon!

Gelungene, »runde« Mischungen enthalten etwa 50 % Kopfnoten, 20 % Herznoten und 30 % Basisnoten. Eine solche Kombination ist harmonisch und gut verträglich für die Haut.

Wir orientieren uns an folgenden Maßangaben und lassen die unterschiedliche Dichte von Trägersubstanzen und ätherischen Ölen außer Acht. Die genaue Berechnung ist bei aromakosmetischer Anwendung nicht notwendig.

1 Teelöffel Trägersubstanz entspricht ca. 2 ml;
1 Esslöffel Trägersubstanz entspricht ca. 10 ml;
1 ml ätherisches Öl entspricht ungefähr 20–25 Tropfen (je nach Dichte).

Beispiele:

3 % / 1 Teel.	=	1–2	Tropfen Essenz
0,5 % / 1 EL	=	1	Tropfen Essenz
1 % / 1 EL	=	2–3	Tropfen Essenz
3 % / 1 EL	=	6–10	Tropfen Essenz
0,5 % / 50 ml	=	5–7	Tropfen Essenz
3 % / 50 ml	=	30–40	Tropfen Essenz
2 % / 100 ml	=	40–50	Tropfen Essenz

Rechenbeispiel

Wir bereiten ein Gesichtsöl mit einem Anteil von 0,5 % ätherischem Öl auf 100 ml Trägeröl, wählen dazu die Essenzen von Zitrone, Rosengeranie und Vanille zu gleichen Teilen. Wir mischen, den Maßangaben folgend, insgesamt 10–12 Tropfen (= 0,5 % = 0,5 ml/100 ml) ätherisches Öl in das fette Öl.

Das sind also 4 Tropfen Zitrone (= 0,17 %), 3–4 Tropfen Rosengeranie (= 0,17 %) und 3–4 Tropfen Vanille (= 0,17 %).

Betrachten wir die erfahrungsgemäß möglichen Höchstdosierungsmengen dieser ätherischen Öle (Zitrone 4–6 %, Rosengeranie 8 %, Vanille 1–2 %), sehen wir, dass wir mit unserer Mischung weit darunter liegen.

Bei kosmetischen Anwendungen ist es fast nicht möglich, über die angegebene Höchstdosierung zu kommen.

Das Mischen

Allgemeine Richtlinien

- Ätherische Öle haben synergetische (zusammenwirkende) Inhaltsstoffe.
- Ätherische Öle sind komplexe Wirkstoffe, sie verfügen über Haupt-, Neben- und Spurenkomponenten.
- Die Duftentfaltung wird bestimmt durch die chemischen Inhaltsstoffe eines ätherischen Öls; wir unterscheiden hoch, mittel und tief schwingende Duftnoten (s. S. 9).
- Je tiefer ein ätherisches Öl schwingt, desto vielseitiger ist es in der Wirkung.

Harmonische, besonders **hautfreundliche** Mischungen ergeben sich dann, wenn wir uns diese allgemeinen Richtlinien zunutze machen. Dabei sollten die tiefen Noten ungefähr 30%, die mittleren Noten ungefähr 20% und die hohen Noten ungefähr 50% des Gesamtvolumens ätherischer Öle in einer Trägersubstanz einnehmen. Besonders intensiv frisch, blumig oder erdig duftende ätherische Öle wie z.B. Jasmin, Vetiver oder Basilikum geben wir in einer etwas geringeren Menge als wir berechnet haben dazu. Es empfiehlt sich erfahrungsgemäß der ungefähr 10. Teil der berechneten Tropfenzahl, damit diese Düfte nicht aus der Harmonie einer Mischung ausbrechen.

Beispiel:
Wollten wir 6 Tropfen Jasmin geben, nehmen wir nur 0,6 Tropfen, gerundet 1 Tropfen. Denken aber es wären 6 Tropfen, d.h. wir verändern die Anzahl der anderen Tropfen in der Mischung nicht.

Von den im Buch beschriebenen ätherischen Ölen gehören zu dieser Gruppe, aufgrund ihrer intensiven Duftentwicklung: Basilikum, Cistrose, Eisenkraut, Galbanum, Immortelle, Jasmin, Kamille römisch, Magnolienblüte, Melisse, Muskatellersalbei, Neroli, Pfefferminze, Rose, Schafgarbe, Vetiver, Weihrauch.

Mischbeispiel
Wir bereiten eine 3%ige Mischung auf 50 ml Trägeröl, das sind 30 Tropfen Essenz, und wählen dazu Orange süß, Grapefruit, Ylang-Ylang, Sandelholz und Benzoe.

- Orange süß und Grapefruit sind hoch schwingend (Kopfnoten),
- Ylang-Ylang ist mittel schwingend (Herznote),
- Sandelholz und Benzoe sind tief schwingend (= Basisnoten).

Wir beginnen jede Mischung mit den Basisnoten, geben darauf die Herznoten und darüber die Kopfnoten.

Wir fangen bei der am tiefsten schwingenden Basisnote an und hören bei der am höchsten schwingenden Kopfnote auf. Das Urteil darüber trifft unsere Nase.

Das bedeutet für unsere **Mischung:** Insgesamt 9 Tropfen (30% von 30 Tropfen) von Sandelholz und Benzoe werden in das fette Öl gegeben und verschüttelt. Danach 6 Tropfen Ylang-Ylang (20% von 30 Tropfen), wieder verschütteln. Zuletzt insgesamt 15 Tropfen (50% von 30 Tropfen) von Orange süß und Grapefruit dazugeben und verschütteln.

Das **Ergebnis** unserer Mischung testen wir auf der Haut. Die Mischung kann sofort verwendet werden. Wenn wir sie jedoch mindestens 24 Stunden ruhen lassen, stellen wir fest, dass sich das Duftbouquet noch besser entfaltet.

Was Sie sonst noch brauchen

Möchten Sie **Massageöle** und **Gesichtsöle** selber mischen benötigen Sie:

- ätherische Öle,
- fette Öle, Samenöle,
- leere Braun- oder Violettglasflaschen,
- Tropfpipetten,
- Etiketten zum Beschriften der Mischungen,
- Karteikarten zum Notieren der Rezepturen,
- u.U. kindersichere Verschlüsse.

Möchten Sie **Duschgels/Badezusätze** und **Shampoos** selber mischen, benötigen Sie:

- neutrale waschaktive Substanzen oder neutrale emulgierte Öle,
- Flaschen aus Glas oder zum Recycling geeigneten Kunststoff (Vorsicht: ab einer bestimmten Konzentration von ätherischem Öl löst sich der Kunststoff auf!),
- ätherische Öle,
- Etiketten zum Beschriften der Flaschen,
- Karteikarten zum Notieren der Rezepturen,
- Glas-Rührstäbe, Tropfpipetten.

Wollen Sie **Kopfhautlotionen** oder **Deodorants** selber herstellen, brauchen Sie:

- lichtgeschützte Glasflaschen oder Pumpzerstäuber,
- 70%igen unvergällten Alkohol und Hydrolate,
- ätherische Öle,
- Messbecher, Glasrührstäbe,
- Etiketten zum Beschriften der Flaschen,
- Karteikarten zum Notieren der Rezepturen.

Wollen Sie **Gesichtscremes, Hautlotionen und Tonics** selber mischen, benötigen Sie:

- Cremetöpfe und Flaschen aus Glas, am besten mit Lichtschutz,
- Rührgerät, feuerfeste Glas- und Porzellantöpfe,
- Briefwaage, Labormessbecher, Thermometer,
- Spatel und Pipetten,
- Etiketten zum Beschriften der Produkte,
- Karteikarten zum Notieren der Rezepturen,
- Grundstoffe, Hilfsstoffe, Wirkstoffe.

Grundstoffe

In einer Creme bilden die Grundstoffe die sog. **Basis.** Sie besteht aus pflanzlichen Ölen (s. S. 72), pflanzlichen Fetten und Wachsen und Quellwasser/Hydrolat.

Vaseline, Paraffin und ähnliche Substanzen, gewonnen aus Erdöl oder Kohle, sind für Naturkosmetika **nicht geeignet**. Diese sog. Mineralöle enthalten keine Fettsäuren und keinen Sauerstoff. Es sind reine Kohlenwasserstoffverbindungen. Sie dringen nachweislich nicht in tiefere Hautschichten ein, schließen die Poren der Haut und beeinträchtigen ihre Ausscheidungsfunktion. Die Folge: Komedonenbildung, Rötungen, Stauungen, Hautgrieß etc.

Sheabutter. Sheabutter oder auch Karité-Butter genannt, ist ein Pflanzenfett aus den Nüssen des Baumes Butyrospermum parkii kotschy, der in Zentralafrika beheimatet ist. Dieses Fett hat ein sehr hohes Feuchtigkeitsbindungsvermögen, einen sehr hohen Gehalt an Vitamin E und A und Allantoin. Es ist außergewöhnlich hautverträglich und gibt einer Creme geschmeidige Konsistenz.

Kakaobutter. Aus der Kakaobohne wird die Kakaobutter gepresst. Sie macht eine Creme weich. Kakaobutter ist leicht fettend und fördert den Lipidgehalt in der Haut. Dieses Fett eignet sich sehr gut für Schutz- und Nährcremes, für die Lippen- und Nagelpflege.

Aus Erdöl gewonnene Substanzen haben in der Naturkosmetik nichts zu suchen, weil sie zu Hautunreinheiten führen können. Kakaobutter, Sheabutter und Carnaubawachs sind als Grundstoffe bestens geeignet. Bienenwachs, Wollfett und Lezithin dienen als Emulgatoren.

Carnaubawachs. Es handelt sich um ein Wachs aus den Blättern der Fächerpalme Copernica cerifera. Es wirkt, genauso wie Jojobawachs, feuchtigkeitsversiegelnd und schützt die Haut vor Umwelteinflüssen.

Hilfsstoffe

Emulgatoren, die Fett- und Wasserphase miteinander verbinden, stellen Hilfsstoffe dar. Bei der Herstellung von Naturkosmetika werden wir aber feststellen, dass Hilfsstoffe gleichzeitig Grundstoffe sind. Dazu gehören Wollfett, Bienenwachs und Lezithin.

Wollfett/Wollwachs. Aus der Wolle von Schafen wird Wollfett gewonnen, das auch oft unter der Bezeichnung Adeps lanae im Handel ist. Es sollte pestizidfrei sein, denn in der Regel wird die Wolle der Schafe mit Pestiziden behandelt.

Wollfett/Wollwachs wird auch oft als Lanolin bezeichnet. Lanolin ist allerdings ein veredeltes Wollwachs. Es besteht aus 65% Wollfett, 20% Wasser und 15% Paraffinöl. Dieses Fett oder Wachs dient als Emulgator, hat aber auch pflegende Eigenschaften. Es macht die Haut geschmeidig und hat Ähnlichkeit mit dem Cholesterin unserer Haut: Lanolin wirkt wasserabsorbierend und feuchtigkeitsbindend.

Bienenwachs. Bienenwachs wird aus Bienenwaben geschmolzen und dann gereinigt. Es dient als Emulgator in einer Creme, fördert die Konsistenz, aber pflegt auch die Haut.

Lezithin. Aus Weizenkeimen oder Sojabohnen gewinnt man Lezithin.

Es dient als Emulgator und reguliert den Feuchtigkeitshaushalt in den Zellen (s. S. 72).

Wirkstoffe

Naturkosmetika enthalten als Wirkstoffe Pflanzenextrakte und ätherische Öle. **Pflanzenextrakte** sind alkoholische Auszüge getrockneter oder frischer Pflanzenteile in 70% unvergälltem Weingeist. **Ätherische Öle** sind nicht nur Wirkstoffe, sondern auch **Duftstoffe**, **Farbstoffe** (z.B. Azulen) und **Konservierungsstoffe**.

Heilerde. Ein weiterer **unverzichtbarer Wirkstoff** in der Natur- und Aromakosmetik ist die Heilerde. Sie wird aus Löß gewonnen, ist rotbraun, weiß (Bolus alba) oder grün und dient als idealer Trägerstoff für ätherische Öle.

Heilerde ist reich an Silizium, Eisen, Kalzium, Magnesium, Natrium, Kalium, Kupfer, Spurenelementen und Mineralien.

Als Packung oder Maske auf die Haut aufgebracht, nimmt Heilerde Giftstoffe auf, die die Haut ausscheidet. Heilerde wirkt antibakteriell, desodorierend und austrocknend. Sie regt den Stoffwechsel an und übt einen Peeling-Effekt aus. Bei Problemhaut kann es vorerst zu einer **Erstverschlimmerung** kommen, als Zeichen der Ausschwemmung von Giftstoffen.

Heilerde kann in geringen Dosen auch in Pflegepräparate eingearbeitet werden.

Grundsätzliches

Die Gefäße, mit denen Sie arbeiten, sollten immer trocken und staubfrei sein. Sterilisieren Sie durch zweimaliges Auskochen und anschließendes Ausschwenken mit 96%igem unvergälltem Alkohol, vermischt mit einem Anteil von 0,5% Thymian Thymol.

Arbeiten Sie unter möglichst keimfreien Bedingungen. Produkte ohne synthetische Konservierung müssen kühl gelagert werden.

Ein Wort zum Selbermachen von Gesichtscremes, Packungen und Masken

Grundsätzlich spricht nichts gegen das »Selbstanrühren« von Cremes etc. Meine Meinung dazu ist allerdings, dass Kosmetik unter absolut sterilen und keimfreien Bedingungen hergestellt werden sollte, also im Labor, damit eine **ausreichende Haltbarkeit** gewährleistet ist.

Außerdem haben die Hersteller größerer Mengen auch meist bessere Möglichkeiten, an wirklich reine Rohstoffe zu kommen.

Ich rate Ihnen eher zu **neutralen Basisprodukten** verschiedener **Naturkosmetik-Hersteller**; die Adressen finden Sie im Anhang dieses Buches (s. S. 161).

Diejenigen, die gerne selber mischen finden einige Grundrezepte im Kapitel »Rezepte und praktische Tipps« (s. S. 123ff.).

Richtlinien für die Aromakosmetik

Die Einteilung der ätherischen Öle aus aromakosmetischer Sicht

Ich habe bereits darauf hingewiesen, dass die parfümistische Einteilung der ätherischen Öle in Kopf-, Herz- und Basisnoten für die aromakosmetische Arbeit nicht genügt. Bei der kosmetischen Arbeit mit Aromen steht nicht allein das Duftbouquet im Vordergrund, sondern die Wirkung der Essenzen auf Körper, Seele und Geist, ihre **Ganzheit**, ihre **Komplexität** und **Synergie**. Ein weiterer Aspekt, den wir berücksichtigen müssen, ist die Vielzahl der Essenzen, die es gibt.

Es muss uns gelingen, ein **System** zu **entwickeln**, das es uns ermöglicht, schnell und komplikationslos innerhalb einer Kosmetikbehandlung zu reagieren. Nur dann gewinnen wir die Freiheit, die uns auf vorgefertigte Rezepte verzichten lässt.

Aromakosmetik ist **Erlebniskosmetik:** Ätherische Öle fordern die Kosmetikerin heraus, **kreativ** zu sein, **selbstbewusst** und **eigenständig**. Die Arbeit mit den Essenzen ist etwas für die mutigen und intuitiven Forscherinnen unseres Berufsstandes.

Wir erinnern uns:

- Der Anteil bestimmter Terpene in unterschiedlicher Dosis schlägt sich nieder in der Farbe, dem Duft und der Viskosität eines ätherischen Öls.
- Je komplexer die Duftbausteine sind, desto vielfältiger ist die Wirkung.
- Je größer die Duftmoleküle sind, desto fester haften sie. Je kleiner die Duftmoleküle, desto flüchtiger sind sie.
- Bestimmte Duftmoleküle (Terpengruppen) haben eine bestimmte Wirkung auf die Haut und auf die Psyche.

Nach diesen Vorüberlegungen entwickeln wir unser System und nehmen dabei unsere Nase zu Hilfe.

Wir riechen frische, fruchtige, zitronenartige Düfte, meist aus Früchten, Gräsern, Kraut oder Nadeln, und stellen fest, wenn wir uns dabei auf diesen Duft konzentrieren, dass wir ihn im oberen Drittel unseres Körpers wahrnehmen, ab den Lungen aufwärts.

Hier ist der Bereich des aktiven Denkens, der Konzentration, der geistigen Arbeit. »Oben« vermuten wir den Sitz unseres **Geistes**. Der, der Bezug zum Nicht-Materiellen hat. Der, der alles wahrnimmt und reflektiert, der unsere psychischen Regungen definiert: unsere Achtsamkeit.

Wir riechen **blumige, süße**, etwas **schwere** Düfte, meist aus Blüten, blühenden Pflanzen oder Samen, und stellen fest, wenn wir uns dabei auf diesen Duft etwas länger konzentrieren, dass wir ihn im mittleren Drittel unseres Körpers wahrnehmen, von der Brust abwärts bis ungefähr unterhalb des Nabels.

Hier ist der Bereich des Herzens und der Organe, die das verarbeiten, was wir aufnehmen, die Gutes von Schlechtem trennen. Hier vermuten wir unsere **Gefühlswelt**, unsere Beweggründe, unsere Psyche: »Aus dem Bauch heraus handeln«.

Wir riechen **holzige, warme, herbe, erdige** Düfte, meist aus Hölzern, Harzen und Wurzeln, und stellen fest, wenn wir uns dabei auf diesen Duft etwas länger konzentrieren, dass wir ihn im unteren Drittel unseres Körpers wahrnehmen, vom Nabel abwärts bis in die Zehenspitzen.

Hier ist der Bereich unserer Ausscheidungs- und Geschlechtsorgane: **Materie** und **Körperlichkeit**: Die Füße – unsere Wurzeln.

Orientiert an dem alten Wissen der Alchimie und Signaturenlehre können wir zusammenfassen:

- Frische, fruchtige, zitronenartige Düfte sind **frische Noten** und verkörpern das **Geistprinzip.**
- Blumige, süße, schwere Düfte sind **blumige Noten** und verkörpern das **Seelenprinzip.**
- Holzige, warme, herbe, erdige Düfte sind **balsamische Noten** und **verkörpern das Körperprinzip**.

Frische Noten (Geistprinzip)
oder Kopfnoten

Duftbouquet/Duftprofil	Psychische Wirkung	Wirkung auf der Haut
fruchtig	aktivierend	antiseptisch
frisch	aufbauend	tonisierend
minzig	ausgleichend	stärkend

Blumige Noten (Seelenprinzip)
oder Herznoten

Duftbouqet/Duftprofil	Psychische Wirkung	Wirkung auf der Haut
blumig	beruhigend	antiseptisch
süß	narkotisierend	reizlindernd
schwer	entspannend	stabilisierend

Balsamische Noten (Körperprinzip)
oder Basisnoten

Duftbouqet/Duftprofil	Psychische Wirkung	Wirkung auf der Haut
herb	entspannend	adstringierend
warm, erdig	stärkend	aktivierend
holzig	stabilisierend	stärkend

Der **olfaktorische** Eindruck und die Wirkung, die ein ätherisches Öl auf die **Psyche** hat, werden uns im Zweifelsfall bei der Zuordnung zur entsprechenden **Duftnote** bzw. zum entsprechenden **Prinzip** behilflich sein.

Sie werden vielleicht feststellen, dass die folgende Zuordnung der im Buch beschriebenen ätherischen Öle im einen oder anderen Fall von der parfümistischen Einteilung abweicht. Sie entspricht meinen eigenen Auffassungen, Erfahrungen und Wahrnehmungen. Sie können grundsätzlich nichts falsch machen.

Die Einteilung hilft, beim Mischen jedes Prinzip vertreten sein zu lassen und so die **ganzheitliche Wirkung** der ätherischen Öle auf den Menschen sinnvoll bei allen Anwendungen zu unterstützen.

Frische Noten – geistiges Prinzip – aktivierend

- Basilikum
- Bergamotte
- Bergamottminze
- Eisenkraut (Zitronenverbene)
- Grapefruit
- Koniferen
- Lavandin
- Myrte (Marokko, Türkei)
- Bitterorange (Pomeranze)
- Orange süß
- Pfefferminze
- Rosmarin
- Tea-Tree (Melaleuca alternifolia)
- Thymian Linalool
- Wacholderbeere
- Zitrone

Blumige Noten – seelisches Prinzip – harmonisierend

- Geranie (Rosengeranie)
- Immortelle
- Jasmin
- Kamille römisch
- Koriander
- Lavendel fein, extra
- Lorbeer
- Magnolienblüte (oder Champaca Absolue)
- Manuka
- Melisse
- Mimose
- Muskatellersalbei
- Myrte Anden
- Neroli (Orangenblüte)
- Petit grain
- Rose
- Schafgarbe
- Ylang-Ylang

Balsamische Noten – körperliches Prinzip – stabilisierend

- Benzoe Siam
- Cistrose
- Galbanum
- Honig-Essenz
- Rosenholz
- Sandelholz
- Styrax
- Vanille
- Vetiver
- Weihrauch
- Zedernholz
- Zypresse

Fragebogen für Hautdiagnose und Anamnese

Name
Vorname
Adresse
Geburtsdatum
Datum der Erstdiagnose

Der Hautzustand

Feuchtigkeitsgehalt
Lipidgehalt
Porigkeit
Spannkraft
Hauttyp
Hautanomalien:

- An welchen Stellen im Gesicht/am Körper sind sie zu finden?
- Treten sie immer wieder auf?
- Seit wann treten sie auf?

Allergien/Unverträglichkeiten

Die Lebensweise

Wie/womit wird die Haut gepflegt?
Ernährung
Schlafbedürfnis
Arbeitsplatz
Erholungsphasen
Freizeitgestaltung

Die psychische Befindlichkeit

Äußeres Erscheinungsbild?
Wie wirkt die Person insgesamt auf mich?
Findet sie Entspannung während der Behandlung?
Welche ätherischen Öle mag sie am liebsten?

Die Behandlung

Ätherische Öle für die Haut
Fette Öle für die Haut
Sonstige Produkte für die Haut
Ätherische Öle, die der Psyche »Gutes tun«

Empfehlung für die Heimpflege

Fortführende Behandlungen

Anamnese und Hautdiagnose aus aromakosmetischer Sicht

Die klassische Einteilung kann der Vielfalt der verschiedenen Hautsymptome, die in Verbindung mit einem bestimmten Hauttypus auftreten, heute oft nicht mehr gerecht werden.

Der Hauttyp ist **biologisch** bestimmt, Hautsymptome sind durch **innere Disharmonie** und/oder **negative Umwelteinflüsse** verursacht, denen man auf den Grund gehen muss (s. S. 25 f.).

Die Kosmetikbehandlung ist schon lange keine banale Strategie mehr zur Beseitigung kleiner Schönheitsfehler. Sie ist der Beitrag zu einer umfassenden **Entspannung** und **Aktivierung** der körpereigenen Abwehr, unseres **Immunsystems**.

Die Haut scheidet a… was den Organismu… belastet!

Eine **Anamnese**, die Aufschluss gibt über die äußeren Lebensumstände und die psychischen Belastungen eines Menschen, sind für die aromakosmetische Behandlung neben der **Diagnose** des Hautzustandes von großer Wichtigkeit.

Einige Tipps

Führen Sie die Befragung immer im »Gegenüber« durch! Die Kundin befindet sich, wenn sie liegt, in einer Position des »Ausgeliefertseins«, in der eine Befragung als sehr unangenehm empfunden werden kann.

Fragen Sie beim ersten Termin nur das, was für die Erstbehandlung **unbedingt wichtig** erscheint. Ergänzen Sie Ihre Daten erst nach und nach, wenn das Vertrauensverhältnis zu wachsen beginnt. Vieles ergibt sich aus einfacher Unterhaltung.

Schulen Sie Ihre **Intuition!** Notieren sie sich »Schlüsselsätze«, die eine Kundin immer wieder äußert (z.B. »Es ist alles so anstrengend«, »es wird mir alles zu viel«, »das schaffe ich schon« usw.)

Sie sind keine Therapeutin! Im wesentlichen sind Sie Zuhörerin. Geben Sie nur Ratschläge, die unmittelbar mit der **kosmetischen Behandlung** zusammenhängen. Sollten Sie Probleme erkennen, die allein aromakosmetisch nicht zu bewältigen sind, empfehlen Sie Ihre Kundin weiter, in medizinische oder psychotherapeutische Behandlung.

Ätherische Öle sind nur Hilfe zur Selbsthilfe!

Welche Notizen sind wichtig?

Tragen Sie alle Rezepturen, die Sie bei einer Kundin verwenden, in die Kunden-Karteikarte ein. Notieren Sie alle Präparate, die Sie mit nach Hause geben und dokumentieren Sie sämtliche Veränderungen, die Sie auf der Haut oder im Wesen Ihrer Kundin wahrnehmen.

Haben Sie zu einer ärztlichen Behandlung geraten, fragen Sie nach, ob eine solche begonnen wurde: sind Veränderungen eingetreten?

Gibt es einen Zusammenhang zwischen Hautbild und psychischer Befindlichkeit?

Die Erfahrung zeigt, dass es diesen Zusammenhang durchaus gibt. Sammeln Sie Ihre eigenen Erfahrungen, machen Sie sich Notizen, versuchen Sie, die ätherischen Öle in diesem Zusammenhang einzusetzen.

Beispiele:

- Atrophische Haut – Überbelastung, Erschöpfung.
- Entzündungen – innere Angespanntheit, zu wenig Ruhepausen.
- Irritationen und Reizungen – Nervosität.
- Gespannte Haut – nicht loslassen können, immer auf der Hut sein.

Eine Duftorgel für die aromakosmetische Praxis

Unter einer Duftorgel verstehen wir eine **Auswahl** von Düften, aus denen wir Mischungen kreieren. Sie ist ein weiterer Schritt im System der aromakosmetischen Arbeit. Wir wählen aus der Vielzahl von Düften wenige nach folgenden Gesichtspunkten aus:

- Duftnoten/Prinzipien.
- Wirkung auf der Haut/psychische Wirkung.

Fachwissen, Intuition und Einfühlungsvermögen sind das Handwerkszeug der Aromakosmetikerin.

Für den Anfang beschränken wir uns auf **drei Düfte** jedes Prinzips, die für **jede Haut** geeignet sind und eine allgemeine psychische **Entspannung** bewirken. Es sollten insgesamt milde Öle sein, deren Dosierung keine Schwierigkeiten mit sich bringt und die sich in Mischungen allgemein anpassend verhalten.

So gewinnen Sie Sicherheit und können behutsam die Essenzen für sich erforschen, sie selbst erfahren, begreifen und erste Erfahrungen an anderen damit machen.

Mit diesen neun Essenzen sind mindestens 27 verschiedene Mischungen möglich, wenn Sie jeweils von jeder Note einen Duft in Ihre Mischung geben. Auf diese Art schaffen Sie eine Mischung, die **ganzheitlich** und **synergetisch** wirkt.

Die Duftprofile der einzelnen Öle variieren von etwas lieblicher zu herber Note. Unter Rücksichtnahme auf die Persönlichkeit des Menschen, den Sie behandeln, wählen Sie die Düfte

Die Duftorgel

Frische Noten (Geist-Prinzip) aktivieren	Blumige Noten (Seelen-Prinzip) harmonisieren	Balsamische Noten (Körper-Prinzip) stabilisieren
Bergamotte	Muskatellersalbei	Rosenholz
Grapefruit	Lavendel fein/extra	Sandelholz
Orange süß	Rosengeranie	Zedernholz

aus. Vertrauen Sie auf ihre Intuition und fragen Sie nach, wie die Mischung empfunden wird. Eher **herb** wird z.B. die Mischung aus Bergamotte, Muskatellersalbei und Zedernholz erlebt. Eher **lieblich** wird z.B. die Mischung aus Orange süß, Rosengeranie und Rosenholz empfunden. Eher **ausgewogen** wird z.B. die Mischung aus Grapefruit, Lavendel fein und Sandelholz erlebt.

Hauttypen

Die normale Haut

Gut durchblutet, straff, feinporig, glatt und weich – so sieht die normale Haut aus. Der Hydrolipidmantel ist im Gleichgewicht. Bei diesem Hautbild reicht ein Grundpflegeprogramm aus, das die Hautfunktionen im Gleichgewicht hält, vitalisiert und entspannt. Die aromakosmetischen Rezepturen für die Behandlung solcher Haut sind von harmonisierenden Eigenschaften.

Der gesunde Hautzustand hängt vom Gleichgewicht des Fett- und Feuchtigkeitsgehaltes der Epidermis ab.

Wir erinnern uns: Der **Feuchtigkeitsgehalt** der epidermalen Hornschicht ist bedeutend für die Elastizität und Unversehrtheit der Hautoberfläche. Die **Hornschicht** besteht zu 50% aus dem Keratin und zu 20% aus den Lipiden der Hornzellen, zu 23% aus hydrophilen Substanzen, zu 7% aus hygroskopischen und oberflächenaktiven Substanzen. Die **Lipide** der Hornschicht sind verantwortlich für das Wasserbindevermögen der Epidermis. Sie schützen die Hornschicht vor der Auslaugung ihrer wasserlöslichen Bestandteile. Das Wasserbindevermögen ist abhängig von der Höhe des Feuchthaltefaktors in der Epidermis.

Die hydrophilen Substanzen sind verantwortlich für das Wasserhaltevermögen der Epidermis. Dieser **natürliche Feuchthaltefaktor** der Oberhaut (NMF-Faktor) setzt sich zusammen aus 40% Aminosäuren, 12% Carbonsäuren, 7% Harnstoff, 17% Harnsäure, 12% Mineralien und 12% verschiedenen Salzen.

Der **NMF-Faktor** hat die Aufgabe, Feuchtigkeit aufzunehmen und damit die Oberflächenspannung in der Epidermis zu verringern. Er reguliert das Wasserabstoßungsvermögen des Keratins und das Wasserbindevermögen der Hornschicht. **Aminosäuren** haben außerdem eine niedermolekulare Struktur: Sie wandern zwischen den Hautschichten bis in die Basalzellschicht und tragen zur Bildung von kollagenen und elastischen Fasern bei.

Der normale Feuchtigkeitsgehalt der epidermalen Hornschicht beträgt bei optimalem Stoffwechsel 40%. Ab nur noch ca. 13% Feuchtigkeitsgehalt reagiert die Haut mit Rötungen und Reizungen, bis hin zu Flechten etc., die auch irrtümlicherweise als Allergie diagnostiziert werden kann.

Der Wassergehalt in der Haut ist die Grundvoraussetzung für den Transport von Wirkstoffen.

Unsachgemäße Reinigung kann den NMF-Faktor zerstören: Dazu gehören das Reinigen mit alkalifreien Waschsubstanzen und die Reinigung nur mit Wasser. Das verhornte Epithel wird hydrophob, da das Keratin und die Lipide der Hornzellen ihre Tätigkeit einstellen.

Der **Hauttalg** spielt eine bedeutsame Rolle bei der Wasseraufnahmefähigkeit und Wasserdurchlässigkeit der Epidermis. Er unterbindet eine zu starke Durchfeuchtung und Quellung der Haut, verhindert Eintrocknung, indem er das Abdunsten von Wasserdampf aus der Haut hemmt. Er regelt zusammen mit den Hornschichtlipiden in der Barriereschicht den peripheren Wasserhaushalt.

Grundbausteine aromakosmetischer Rezepte sind ätherische Öle, Samenöle, fette Öle und Jojobawachs, die je nach Hautbedürfnis in unterschiedlichen Anteilen miteinander kombiniert werden.

Der Hauttalg verhindert das Sprödewerden der Epidermis und erhält ihre Elastizität und Geschmeidigkeit. Er enthält **emulgierende Stoffe**, wie Cholesterin, Cholesterinester und fettsaure Salze, die der Aufnahme von Wirkstoffen durch die Haut dienen. Der Hauttalg erhöht die **Alkaliresistenz** der Haut.

Unsachgemäße Hautpflege kann die Talgproduktion beeinträchtigen: Dazu gehören z.B. alkoholhaltige Gesichtswässer und die ausschließliche Benutzung von Feuchtigkeitsgels.

Anspruchsvolle Kosmetik muss dazu beitragen, die Hautfunktionen im Gleichgewicht zu halten.

Die Haut muss fähig sein, Feuchtigkeit aufzunehmen, zu binden und zu halten. Sie muss in der Lage sein, Wirkstoffe aufzunehmen und zu transportieren.

Eine **feuchtigkeitsarme** epidermale Hornschicht nimmt sehr schlecht fette Substanzen und Wirkstoffe auf. Eine **lipidarme** epidermale Hornschicht nimmt sehr schlecht feuchte oder feuchtigkeitsbindende Substanzen auf.

Ideale Feuchtigkeitsbinder sind u.a. Proteine und Aminosäuren, ideale Feuchtigkeitsversiegler sind u.a. Lipide und Ceramide.

Wir haben in der **Aromakosmetik** verschiedene Produkte zur Hand, die uns dabei behilflich sind, die Haut im Gleichgewicht zu halten, bzw. ins Gleichgewicht zu bringen.

- **Hydrolate** halten das Wasser in den Zellen.
- **Samenöle** enthalten Ceramide und essentielle Fettsäuren, die den Feuchtigkeitsgehalt in der Haut erhöhen, binden und die Haut befähigen, fette Substanzen aufzunehmen.
- **Fette Öle** regen die Lipidtätigkeit der Hornschicht an und tragen dazu bei, dass die Haut Wirkstoffe, z.B. ätherische Öle, aufnehmen kann.
- **Jojobawachs** kann als Feuchtigkeitsversiegler betrachtet werden. Deshalb sollte Jojobawachs nie über einen längeren Zeitraum pur verwendet werden. Es macht die Epidermis undurchlässig.
- **Ätherische Öle** sind von niedermolekularer Struktur und können wie die Aminosäuren zwischen den Hautschichten wandern und die Zellkommunikation anregen.

Mit diesen Komponenten können wir eine ausreichende Hautpflege betreiben!

Wollen wir bestimmte Hautzustände aromakosmetisch ausgleichen, wählen wir **immer** eine Mischung aus Samenöl, fettem Öl, Jojobawachs und ätherischen Öle in unterschiedlichen Anteilen, je nachdem, was der Haut fehlt.

Die **inneren Faktoren**, die zu diesem Hautbild beitragen, bleiben natürlich nicht unberücksichtigt. Wir geben unsere Empfehlungen für Ernährung, Entspannung und allgemeine Gestaltung der Lebensweise.

Die trockene bis sehr trockene Haut

Diese Haut ist lipid- und feuchtigkeitsarm. Sie neigt zu Rötungen und Irritationen und ist stellenweise schuppig. Sie spannt nach der Reinigung. Die Hautstruktur ist meist zart mit feinem Porenbild. Es besteht die Tendenz zu Faltenbildung.

Was ist zu tun?

Der **Lipidgehalt** in der Haut muss erhöht werden, damit die Haut Feuchtigkeit wieder binden und halten kann.
Ich empfehle eine Mischung aus 70 % fettem Öl, 10 % Samenöl und 20 % Jojobawachs.

Die Mischhaut mit trockener Tendenz (feuchtigkeitsarm)

Sie ist an den Wangen trocken, ohne Spannungsgefühl. Das Porenbild ist v. a. in der Mittelpartie sichtbar. In dieser Partie glänzt die Haut gelegentlich. Die Verhornung ist pergamentartig.

Was ist zu tun?

Der Feuchtigkeitsgehalt in der Haut muss zuerst erhöht werden, damit die Haut wieder fette Substanzen und Wirkstoffe aufnehmen kann.
Ich empfehle eine Mischung aus 30 % Samenöl, 40 % fettem Öl und 30 % Jojobawachs.

Die Mischhaut mit öliger Tendenz

Sie ist an den Wangen geschmeidig, ohne Ölglanz. In der Mittelpartie ist sie meist sehr stark ölig, großporig und weist Komedonen auf.

Was ist zu tun?

Der Feuchtigkeitsgehalt in der Haut und das Wasserbindevermögen müssen erhöht werden.
Ich empfehle, die Haut mit Hydrolat zu befeuchten, bevor eine Ölmischung darauf gegeben wird. Die Grundmischung besteht aus 50 % Samenöl, 20 % fettem Öl und 30 % Jojobawachs.

Die Duftorgeln – passend zu jedem Hauttyp

Wir können jetzt als weiteren Schritt **Duftorgeln** kreieren, die sich an den verschiedenen **Hauttypen** orientieren. In unsere Übersicht nehmen wir die Trägersubstanzen und Hydrolate mit auf.

Hautanomalien als spezielles (aroma-) kosmetisches Problem

Wir wollen uns in diesem Kapitel mit den Hautanomalien beschäftigen, die sehr häufig vorkommen: **Teleangiektasien** und **Couperose, Entzündungen** und **Akne, Ekzeme** und **Atrophie**.

Für diese Anomalien gibt es **speziell wirksame** Essenzen, die oft sehr eigen im Duft sind und sehr intensiv in ihrer Wirkung und deshalb auch nur gering dosiert werden.

In diesem Buch sind einige davon beschrieben: Basilikum, Tea-Tree (Melaleuca alternifolia), Manuka, Cistrose, Immortelle, Schafgarbe, Lavendel extra, Rosmarin, Wacholderbeere, Pfefferminze und Galbanum. Wie arbeiten wir mit diesen ätherischen Ölen?

1. Schritt:
Was wir erreichen möchten

- Teleangiektasien und Couperose: Leicht anregen, um die Stauung zu lösen und zu harmonisieren.
- Entzündungen und Akne: Beruhigen, den Stoffwechsel anregen, Entzündungen hemmen.
- Ekzeme: Reizungen lindern, das Gewebewachstum fördern; trocknen oder befeuchten.
- Atrophie: Die Spannkraft aufbauen, die Hautfunktionen anregen, das Gewebe kräftigen.

2. Schritt:
Passende Ölmischung herstellen

Wir nehmen eine oder zwei dieser speziell wirksamen Essenzen und geben diese zu der Mischung für den entsprechenden Hauttyp der zu behandelnden Person.

Der Anteil des speziell wirksamen Öls nimmt ca. 10% des Gesamtvolumens der Duftmischung ein, dafür reduziert sich der Anteil der frischen Note.

Beispiele:

Trockene Haut mit Teleangiektasien: Orange süß – Rosengeranie – Weihrauch (siehe Duftorgel) und **Lavendel extra** (speziell wirksame Essenz).

Ölige, atrophische Mischhaut: Thymian **Linalol – Muskatellersalbei – Benzoe Siam und Pfefferminze**.

3. Schritt:
Für guten Duft sorgen

Ist die Mischung wohl wirksam, aber nicht besonders gefällig, dann mischen Sie den **Lieblingsduft** der zu behandelnden Person dazu.

Beispiel:

Akne mit Papelbildung: Zitrone – Manuka – Zedernholz – Galbanum und **Jasmin** (falls dies der Lieblingsduft ist).

Übersicht
Hautanomalie – ätherische Öle/fette Öle

Couperose	Akne	Ekzeme	Atrophie
Schafgarbe	Tea-Tree	Cistrose	Basilikum
Lavendel extra	Manuka	Immortelle	Schafgarbe
Manuka	Galbanum	Tea-Tree	Rosmarin
	Pfefferminze	Manuka	Wacholder
	Schafgarbe	Lavendel extra	Pfefferminze
Aloe-vera-Öl	Sesamöl	Aloe-vera-Öl	Sanddornöl
Mandelöl	Aloe-vera-Öl	Sanddornöl	Haselnussöl
Aprikosenöl	Avocadoöl	Mandelöl	Walnussöl
			Weizenkeimöl

Duftorgel
für die trockene bis sehr trockene Haut

Frische Noten	Blumige Noten	Balsamische Noten
Orange süß	Muskatellersalbei	Rosenholz
Bergamotte	Rosengeranie	Vetiver
Grapefruit	Petit grain	Weihrauch

Samenöle	Fette Öle	Hydrolate
Borretsch	Sanddornöl	Rosenwasser
Nachtkerze	Avocadoöl	Orangenblütenwasser
Rosa mosqueta	Sesamöl	Myrtenwasser

Duftorgel
für die Mischhaut mit trockener Tendenz

Frische Noten	Blumige Noten	Balsamische Noten
Bergamottminze	Rosengeranie	Sandelholz
Lavandin	Myrte (Peru)	Zedernholz
Grapefruit	Ylang-Ylang	Styrax

Duftorgel
für die Mischhaut mit öliger Tendenz

Frische Noten	Blumige Noten	Balsamische Noten
Thymian Linalool	Muskatellersalbei	Zedernholz
Grapefruit	Manuka	Zypresse
Zitrone	Ylang-Ylang	Benzoe Siam

Samenöle	Fette Öle	Hydrolate
Johannisbeere	Sanddornöl	Holunderblütenwasser
Schwarzkümmel	Haselnussöl	Teebaumwasser
Kamelie	Macadamianussöl	Lavendelwasser

Psychische Befindlichkeiten

Die Belastungen, denen wir tagtäglich ausgesetzt sind, schlagen sich nieder in unserer Psyche und kommen durch unser Verhalten zum Ausdruck, gefärbt von unserer eigenen Persönlichkeitsstruktur (s. S. 25 ff.).

Aromakosmetische Behandlungen dienen der **psychischen Entspannung**.

Wir fragen uns: Was kann ich dieser speziellen Person »Gutes tun«?

Die Ängstliche

Frau A. kommt zur Behandlung. Ihre Körperhaltung verrät Ängstlichkeit. Ihre Mimik zeigt Bekümmernis. Sie erzählt sofort und gerne, wie schlecht es ihr geht, wie überarbeitet sie ist. Sie duldet nichts Positives, will in ihrer negativen Weltsicht bestätigt sein.

Welchen Eindruck gewinnen wir?

Frau A. ist eher ängstlich, neigt zu Niedergeschlagenheit (depressiver Verstimmung), möchte Zuwendung.

Was ist zu tun?

Wir verwöhnen sie mit einer Duftmischung aus:

- Orange süß (wirkt tröstend),
- Ylang-Ylang (wirkt depressiver Verstimmung entgegen),
- Zeder (fördert das Selbstbewusstsein) und
- Sandelholz (gibt Gelassenheit).

Die Hektische

Frau B. ist eine besonders unruhige Kundin. Sie legt ein sehr selbstbewusstes Auftreten an den Tag, ist dynamisch, auffallend lustig, kichert viel, ist aber auch zerstreut. Während der gesamten Behandlung spricht sie nahezu pausenlos.

Welchen Eindruck gewinnen wir?

Frau B. kann nur schwer entspannen, ist für vieles zu begeistern, braucht vielleicht ein wenig Erdung: Ab und zu einmal zur Ruhe kommen.

Was ist zu tun?

Wir verwöhnen Sie mit einer Duftmischung aus:

- Zitrone (klärt die Gedanken),
- Myrte Anden (macht gelassen) und
- Rosenholz (beruhigt die Nerven, lässt relaxen).

Der »Zugeknöpfte«

Herr C. kommt regelmäßig zur Behandlung. Während dieser ganzen Zeit hat er sich kaum auf eine Unterhaltung eingelassen. Er beantwortet ungern Fragen, er gibt kein Feedback. Allein, dass er immer wieder kommt, zeigt, dass er zufrieden ist.

Welchen Eindruck gewinnen wir?

Herr C. gibt sich sehr zurückhaltend und distanziert. Er will oder kann nicht kommunizieren. Berührung scheint er aber trotzdem zu genießen.

Was ist zu tun?

Wir verwöhnen ihn mit einer Mischung aus:

- Grapefruit (euphorisiert),
- Rosengeranie (entspannt, gleicht aus) und
- Sandelholz (öffnet für das Eingehen zwischenmenschlicher Kontakte).

Der Phlegmatiker

Herr D. ist ein junger, freundlicher Mann. Er gibt sich unkompliziert, kann die Behandlung sehr genießen. Nur eines treibt die Kosmetikerin zur Rage: Er hält seine Termine nicht ein, und das mit größter Selbstverständlichkeit. Spricht sie ihn darauf an, reagiert er mit Unverständnis, empfindet diesen Anspruch als Stress.

Welchen Eindruck gewinnen wir?

Herr D. hat wenig Antrieb, wirkt phlegmatisch. Die kleinste Anstrengung scheint ihn unmäßig viel Energie zu kosten.

Was ist zu tun?

Wir verwöhnen (aktivieren) ihn mit einer Duftmischung aus:

- Zitrone (konzentriert und energetisiert),
- Ylang-Ylang (macht begeisterungsfähig) und
- Zypresse (stabilisiert)

Die Explosive

Frau E. wirkt nach außen hin sehr gelassen. Geht nicht alles sofort so glatt, wie sie es sich vorstellt, reagiert sie ungehalten. Die Arbeit mit und an ihr empfindet die Kosmetikerin jedes Mal wie einen Ritt auf dem Pulverfass.

Welchen Eindruck gewinnen wir?

Frau E. ist trotz äußerer Gelassenheit immer in Anspannung. Ihr läuft schnell »eine Laus über die Leber«, sie neigt zu cholerischen Ausbrüchen.

Was ist zu tun?

Wir verwöhnen (besänftigen) sie mit einer Duftmischung aus:

- Bitterorange (löst Spannungen, die nervös bedingt sind),
- Mimose (stimmt heiter) und
- Vanille (besänftigt und beruhigt).

Duftorgeln für die Psyche

Wir können uns – wie für bestimmte Hauttypen und Hautanomalien – eine Duftorgel kreieren, die es uns erleichtert, schnell und unkompliziert auf bestimmte **psychische Merkmale** einzugehen.

Die geeigneten ätherischen Öle mischen wir ins Öl für die Gesichts- oder Körpermassage.

Darauf stimmen wir unsere Duftmischungen, die wir einem Trägerstoff beigeben, ab. Wir beurteilen die Haut: Hauttyp, ob Hautanomalien vorhanden sind **und** versuchen herauszufinden, mit welchen Essenzen wir unsere Kundin verwöhnen können.

Haut und Psyche bilden eine Einheit!

Wenn Sie zurückgehen zur ersten Duftorgel mit neun Düften (s. S. 113), werden Sie feststellen, dass Sie selbst mit diesen Düften ausreichende Mischungen herstellen können.

Suchen Sie aus jedem Prinzip einen Duft aus und komponieren Sie die Mischung so, dass Sie **alle Bedürfnisse** mit dieser Mischung befriedigen.

Beispiel:

Trockene Haut mit Teleangiektasien bei einer nervösen Kundin.
Mein Vorschlag: Bergamotte, Lavendel extra und Rosenholz.

Duftorgel
Ängstlichkeit/Niedergeschlagenheit

Frische Noten	Blumige Noten	Balsamische Noten
Bergamotte	Jasmin	Sandelholz
Orange süß	Lavendel fein/extra	Zedernholz
	Neroli	
	Rose	
	Ylang-Ylang	

Duftorgel
Nervöse Unruhe

Frische Noten	Blumige Noten	Balsamische Noten
Bergamotte	Lavendel fein/extra	Rosenholz
Zitrone	Myrten Anden	Sandelholz
		Zypresse

Duftorgel
Distanziertheit

Frische Noten	Blumige Noten	Balsamische Noten
Bergamotte	Lorbeer	Sandelholz
Grapefruit	Jasmin	Styrax
Orange süß	Rose	
	Rosengeranie	

Duftorgel
Energielosigkeit

Frische Noten	Blumige Noten	Balsamische Noten
Bergamotte	Jasmin	Zedernholz
Eisenkraut	Neroli	Vetiver
Orange süß	Lorbeer	Weihrauch
Zitrone	Ylang-Ylang	
	Muskatellersalbei	

Duftorgel
Innere Anspannung

Frische Noten	Blumige Noten	Balsamische Noten
Bitterorange	Kamille römisch	Honig
Grapefruit	Melisse	Vanille
Eisenkraut	Mimose	Vetiver
	Muskatellersalbei	Rosenholz
		Sandelholz

Rezepte und praktische Tipps

Grundrezepte für die Trägersubstanzen

Reinigungsöl für die Gesichtshaut (alle Hauttypen)

- 90 ml Mandelöl süß oder Olivenöl mit
- 10 ml Emulgator (aus Sojalezithin oder Zukker) vermischen.
- Nach Wunsch 0,5% ätherisches Öl dazugeben.

Gesichtscreme für die trockene bis sehr trockene Haut

- 2 g Bienenwachs, 2 g Kakaobutter und 6 g Wollwachs im Wasserbad schmelzen, auf 60 Grad erwärmen.
- 20 g Avocadoöl nach und nach unterrühren, Temperatur konstant halten.
- 20 g Orangenblütenwasser separat auf 60 Grad erwärmen
- Alles vom Herd nehmen und Orangenblütenwasser unter ständigem Rühren zur Fettphase geben.
- 0,5–1% ätherische Ölmischung untergeben, solange die Creme noch warm ist.
- Unter Rühren abkühlen lassen, in einen Cremetopf füllen.

Gesichtscreme für die Mischhaut

- 2 g Bienenwachs und 8 g Wollwachs im Wasserbad schmelzen, auf 60 Grad erwärmen.
- 20 g Mandelöl süß nach und nach unterrühren, Temperatur muss bei 60 Grad bleiben.
- 20 g Rosenwasser oder Myrtenwasser in einem separaten Topf ebenfalls auf 60 Grad erwärmen.
- Alles vom Herd nehmen und Rosenwasser oder Myrtenwasser unter ständigem Rühren zur Fettphase geben.
- 0,5–1% ätherisches Öl zufügen, wenn die Creme noch handwarm ist.
- Unter Rühren abkühlen lassen, in einen Cremetopf abfüllen.

Beide Gesichtscreme-Rezepturen sind auch als Massagecreme für die Gesichts- und Dekolletémassage zu verwenden.
Evtl. Wollwachs gegen Sheabutter, bzw. Bienenwachs gegen Kakaobutter austauschen. Soll der Fettgehalt der Creme sehr hoch sein, damit sie sich besser zum Massieren eignet, dann fügen Sie kein Hydrolat (Wasserphase) oder nur sehr wenig hinzu.

Badeöl für jede Haut

- 90 ml Mandelöl und
- 10 ml Emulgator vermischen,
- 3% ätherische Öle unterrühren.

Badeöl für empfindliche Haut

- 20 ml Sanddornöl, 30 ml Schwarzkümmelöl und 40 ml Mandelöl vermischen mit
- 10 ml Emulgator,
- 1,5–2 % ätherische Öle unterrühren.

Die folgenden Grundrezepte für Basisöl-Mischungen orientieren sich an der Übersicht im Abschnitt »Hautnomalien« (s. S. 116 ff.).

Gesichtsöl
für die tägliche Pflege (Heimpflege) von normaler Haut

- 20 ml Aprikosenkernöl, 20 ml Rosa-mosqueta-Öl und 10 ml Jojobawachs vermischen mit
- 0,5–1 % ätherischen Ölen.

Gesichtsöl
für die Massage von normaler Haut (im Institut)

- 1 EL Macadamianussöl (für 1 Anwendung) **oder**
- 20 ml Avocadoöl, 20 ml Nachtkerzen-Öl und 10 ml Jojobawachs (für mehrere Anwendungen) mit
- 2–3 % ätherischen Ölen vermischen.

Gesichtsöl
für die tägliche Pflege (Heimpflege) von trockener bis sehr trockener Haut

- 15 ml Sanddornöl, 20 ml Avocadoöl, 5 ml Nachtkerzenöl und 20 ml Jojobawachs vermischen mit
- 0,5–1 % ätherischen Ölen.

Gesichtsöl
für die Massage von trockener bis sehr trockener Haut (im Institut)

- 1 EL Sesamöl (für 1 Anwendung) **oder**
- 35 ml Sesamöl, 5 ml Rosa-mosqueta-Öl und 20 ml Jojobawachs (für mehrere Anwendungen) mit
- 2–3 % ätherischen Ölen vermischen.

Gesichtsöl
für die tägliche Pflege (Heimpflege) von Mischhaut mit trockener Tendenz (feuchtigkeitsarm)

- 15 ml Hanföl, 20 ml Aprikosenkernöl und 15 ml Jojobawachs vermischen mit
- 0,5–1 % ätherischen Ölen.

Gesichtsöl
für die Massage von Mischhaut mit trockener Tendenz (feuchtigkeitsarm) im Institut

- 1 EL Weizenkeimöl (für 1 Anwendung) **oder**
- 15 ml Rosa-mosqueta-Öl, 20 ml Mandelöl und 15 ml Jojobawachs (für mehrere Anwendungen) mit
- 2–3 % ätherischen Ölen vermischen.

Gesichtsöl
für die tägliche Pflege (Heimpflege) von Mischhaut mit öliger Tendenz und von öliger Haut

- 25 ml Schwarzkümmelöl, 10 ml Macadamianussöl und 15 ml Jojobawachs vermischen mit
- 0,5–1 % ätherischen Ölen.

Gesichtsöl
für die Massage von Mischhaut mit öliger Tendenz und von öliger Haut (im Institut)

- 1 EL Haselnussöl (für 1 Anwendung) **oder**
- 25 ml Kameliensamenöl, 10 ml Sanddornöl und 15 ml Jojobawachs (für mehrere Anwendungen) mit
- 2–3 % ätherischen Ölen vermischen.

Empfindliche Haut

Besonders milde fette Öle sind Kameliensamenöl, Mandelöl, Aloe-vera-Öl und Jojobawachs.

Die Dosierungen der ätherischen Öle sollten gering sein. Testen Sie in jeden Fall (Armbeugetest), ob ätherische Öle überhaupt verträglich sind. Milde Essenzen in Heimpflege-Produkten mit 0,2 bis 0,5 % dosieren, für die Massage im Institut mit 0,5–1,5 %. **Unbedingt den Einzelfall beachten!**

Für den Armbeugetest geben Sie einen Tropfen ätherisches Öl in die Armbeuge Ihrer Kundin. Zeigt sich nach 20 Minuten keine Reizung (Rötung, Juckreiz etc.), kann das ätherische Öl unbedenklich verwendet werden.

Kopfhautlotionen und Deodorants

- In 10 ml 70 %igem, unvergälltem Alkohol
- ätherische Öle lösen (2–4 % auf 100 ml),
- mit Hydrolat auffüllen und verrühren.

Rezeptvorschläge für Mischungen aus ätherischen Ölen

Um die Arbeit in der Praxis zu erleichtern, können Sie **Essenzen-Fonds** (Grundmischungen aus ätherischen Ölen ohne Trägeröle) für verschiedene Hauttypen, Hautanomalien, psychische Merkmale oder auch speziell für die eine oder andere Kundin, wenn eine fortlaufende Behandlung geplant ist, herstellen.

Günstig sind Mengen von 5 ml (= ca. 120 Tropfen). Notieren Sie sich die Rezepturen auf Karteikarten. Geben Sie den Fond **tropfenweise,** je nach Bedarf, in ihre Trägersubstanz.

Mischen Sie in 1 EL Trägersubstanz höchstens drei verschiedene ätherische Öle. Bei größeren Mengen Grundsubstanz dürfen Sie ruhig mehr als drei Essenzen kombinieren.

Die folgenden Vorschläge für Rezepturen orientieren sich an den Duftorgeln von S. 113 bis S. 122.

Die Anzahl der vorkommenden Essenzen ist hier natürlich größer als bei kleinen, individuell abgestimmten Mischungen. Je kleiner die gemischte Menge, desto weniger verschiedene ätherische Öle verwenden Sie, z. B. bei 1 EL Trägersubstanz nicht mehr als drei verschiedene.

Grundmischung
trockene bis sehr trockene Haut

- 2 Tropfen Vetiver, 6 Tropfen Weihrauch und 20 Tropfen Rosenholz (Balsamische Noten),
- 3 Tropfen Muskatellersalbei, 10 Tropfen Rosengeranie und 9 Tropfen Petit grain (Blumige Noten),
- 15 Tropfen Bergamotte, 20 Tropfen Orange süß und 25 Tropfen Grapefruit (Frische Noten).

Grundmischung
Mischhaut mit trockener Tendenz

- 6 Tropfen Styrax, 15 Tropfen Zeder und 15 Tropfen Sandelholz (Balsamische Noten),
- 7 Tropfen Ylang-Ylang, 12 Tropfen Myrte Anden und 5 Tropfen Rosengeranie (Blumige Noten),
- 25 Tropfen Lavandin, 25 Tropfen Grapefruit und 10 Tropfen Bergamotteminze (Frische Noten).

Grundmischung
empfindliche Haut

- 20 Tropfen Sandelholz und 20 Tropfen Rosenholz (Balsamische Noten),
- 30 Tropfen Lavendel extra und 10 Tropfen Rosengeranie (Blumige Noten),
- 30 Tropfen Grapefruit und 10 Tropfen Bergamottminze (Frische Noten).

Grundmischung
trockene Haut mit Couperose

- 2 Tropfen Vetiver, 15 Tropfen Sandelholz und 15 Tropfen Rosenholz (Balsamische Noten),
- 10 Tropfen Rosengeranie, 10 Tropfen Myrte Anden und 4 Tropfen Petit grain (Blumige Noten),
- 2 Tropfen Schafgarbe und 15 Tropfen Lavendel extra (speziell wirksame Öle),
- 15 Tropfen Bergamotte, 10 Tropfen Orange süß und 15 Tropfen Grapefruit (Frische Noten).

Günstig ist es, Essenzen-Fonds in einer Menge von etwa 5 ml herzustellen. Dies ist bei den Rezepten für die Grundmischungen berücksichtigt.

Grundmischung
Mischhaut mit öliger Tendenz

- 6 Tropfen Benzoe Siam, 15 Tropfen Zeder und 15 Tropfen Zypresse (Balsamische Noten),
- 4 Tropfen Muskatellersalbei, 6 Tropfen Ylang-Ylang und 10 Tropfen Manuka (Blumige Noten),
- 10 Tropfen Thymian Linalool, 20 Tropfen Zitrone und 30 Tropfen Grapefruit (Frische Noten).

Grundmischung
Akne-Haut

- 15 Tropfen Zeder und 20 Tropfen Zypresse (Balsamische Noten),
- 5 Tropfen Muskatellersalbei, 10 Tropfen Ylang-Ylang und 5 Tropfen Manuka (Blumige Noten),
- 2 Tropfen Galbanum und 8 Tropfen Pfefferminze (speziell wirksame Öle),
- 10 Tropfen Zitrone und 30 Tropfen Grapefruit (Frische Noten).

Grundmischung atrophische Haut

- 5 Tropfen Vanille, 2 Tropfen Vetiver, 9 Tropfen Sandelholz und 20 Tropfen Rosenholz (Balsamische Noten),
- 4 Tropfen Jasmin (Blumige Noten),
- 2 Tropfen Basilikum und 5 Tropfen Schafgarbe (speziell wirksame Öle),
- 20 Tropfen Orange süß, 20 Tropfen Grapefruit und 10 Tropfen Zitrone (Frische Noten).

Grundmischung Vorbeugung von Cellulite

- 20 Tropfen Zeder (Balsamische Noten),
- 10 Tropfen Lavandin und 10 Tropfen Ylang-Ylang (Blumige Noten),
- 2 Tropfen Basilikum, 5 Tropfen Lorbeer, 5 Tropfen Schafgarbe, 10 Tropfen Rosmarin, 10 Tropfen Wacholder und 5 Tropfen Pfefferminze (speziell wirksame Öle),
- 20 Tropfen Orange süß und 20 Tropfen Grapefruit (Frische Noten).

Davon geben Sie, je nach Empfindlichkeit der Haut, 40–80 Tropfen auf 100 ml Trägeröl (bestehend aus 20 ml Sanddornöl, 30 ml Weizenkeimöl und 50 ml Haselnussöl).

Grundmischung entspannendes Körpermassage-Öl und Badezusatz/Duschgel

- 6 Tropfen Honigessenz, 6 Tropfen Vanille und 15 Tropfen Rosenholz (Balsamische Noten),
- 1 Tropfen Kamille römisch, 6 Tropfen Mimose, 6 Tropfen Muskatellersalbei und 15 Tropfen Rosengeranie (Blumige Noten),
- 10 Tropfen Bitterorange, 2 Tropfen Eisenkraut, 20 Tropfen Grapefruit und 10 Tropfen Myrte (Türkei) (Frische Noten).

Grundmischung aktivierendes Körpermassage-Öl oder Badezusatz/Duschgel

- 6 Tropfen Weihrauch und 10 Tropfen Zypresse (Balsamische Noten),
- 2 Tropfen Neroli, 6 Tropfen Lorbeer, 6 Tropfen Muskatellersalbei und 7 Tropfen Ylang-Ylang (Blumige Noten),
- 10 Tropfen Rosmarin Verbenon, 10 Tropfen Zitrone, 20 Tropfen Bergamotte, 5 Tropfen Pfefferminze und 10 Tropfen Douglasie (Frische Noten).

Grundmischung Pflege- oder Massageöl für die Füße oder Fußbad (vorbeugend gegen Mykosen)

- 10 Tropfen Zeder und 10 Tropfen Rosenholz (Balsamische Noten),
- 10 Tropfen Koriander, 20 Tropfen Manuka und 10 Tropfen Petit grain (Blumige Noten),
- 10 Tropfen Thymian Linalool, 10 Tropfen Tea-Tree, 10 Tropfen Bergamottminze und 30 Tropfen Bergamotte (Frische Noten).

Grundmischung Deodorants

- 20 Tropfen Zypresse und 15 Tropfen Wacholder und 15 Tropfen Douglasie (Balsamische Noten),
- 6 Tropfen Muskatellersalbei (Blumige Noten),
- 30 Tropfen Myrte (Türkei) und 30 Tropfen Bergamotte (Frische Noten).

Grundmischung
Körperöl oder Badezusatz zur Vorbeugung von Dehnungsstreifen

- 2 Tropfen Vetiver, 12 Tropfen Sandelholz und 20 Tropfen Rosenholz (Balsamische Noten),
- 2 Tropfen Rose, 2 Tropfen Jasmin, 4 Tropfen Schafgarbe und 10 Tropfen Lavendel extra (Blumige Noten),
- 30 Tropfen Orange süß und 30 Tropfen Grapefruit (Frische Noten).

Diese Grundmischung beugt Schwangerschaftsstreifen und Dehnungsstreifen nach starker Gewichtsabnahme vor, wenn man sie einem Körperöl oder Badezusatz beigibt.

Grundmischung
Massageöl zur Vorbeugung von Krampfadern und Besenreisern

- 20 Tropfen Zypresse und 15 Tropfen Wacholder (Balsamische Noten),
- 3 Tropfen Neroli, 6 Tropfen Schafgarbe und 10 Tropfen Petit grain (Blumige Noten),
- 20 Tropfen Rosmarin, 20 Tropfen Bitterorange und 20 Tropfen Zitrone (Frische Noten).

Spezielle Hautprobleme und der aromakosmetische Umgang

Hautmykosen

Bei Hautpilzerkrankungen empfiehlt sich eine Behandlung in Intervallen, die jeweils sieben bis 12 Tage dauern. Sehr wirksame Essenzen sind **Thymian serpyllum** und **Thymian Thymol**, **Teebaum** (**Melaleuca alternifolia**) und **Manuka**.

Die umliegende gesunde Haut wird mit Fettcreme oder Vaseline abgedeckt.

1. Intervall:
3- bis 5mal täglich wird **eine** der oben angegebenen Essenzen **pur** auf die befallenen Hautstellen aufgetupft.

2. Intervall:
Die gewählte Essenz wird in einem fetten Öl Ihrer Wahl zu 10% verdünnt auf die betroffenen Hautstellen aufgetragen.

3. Intervall:
Die gewählte Essenz wird in einem fetten Öl Ihrer Wahl zu 5% verdünnt auf die betroffenen Hautstellen aufgetragen.

Nachbehandlung und Vorbeugung:
Hautöl mit 3% Essenz, gemischt nach dem ganzheitlichen Körper-Seele-Geist-Prinzip, z.B. mit der Grundmischung von Seite 127 (Massageöl für die Füße).

Nagelmykosen

Bei sehr starkem Befall den Nagel zuerst ausfräsen, bei leichtem Befall kann das ätherische Öl sofort darauf gegeben werden.
Vorgehen nach Intervallen und Nachbehandlung wie bei Hautmykosen.

Eitrige Entzündungen

Besonders wirksam sind die Essenzen von **Galbanum**, **Schafgarbe**, **Thymian Thymol**, **Kamille römisch** und **Melisse**.

Gehen Sie auch hier in den beschriebenen Intervallen vor. Zur Weiterbehandlung kann z. B. die Grundmischung für Mischhaut mit öliger Tendenz verwendet werden. Heilerde-Auflagen mit 1% der Grundmischung 2- bis 3mal pro Woche und Bäder, die die Psyche entspannen, sind empfehlenswert.

Narben-Nachbehandlung

Sobald die Fäden gezogen sind: Rosa-mosqueta-Öl.

Zusammenfassung

- **Für aromakosmetische Anwendungen meiden wir von vorne herein ätherische Öle, die aufgrund ihrer chemischen Bausteine im Verdacht stehen, Hautreizungen hervorzurufen.**

- **Die ätherischen Öle, die uns für die Hautbehandlung zur Verfügung stehen, bringen wir in ein System nach ihrer körperlichen und psychischen Wirksamkeit und nach dem Körper-Geist-Seele-Prinzip.**

- **Wir wählen die Essenzen aus nach dem Hautzustand und etwaigen Hautanomalien und nach der Ausstrahlung und psychischen Befindlichkeit unserer Kundin (»was kann ich dieser Person Gutes tun?«)**

- **Wir stellen Mischungen her, die alle Komponenten gleichermaßen berücksichtigen. Ätherische Öle wirken ganzheitlich, haben immer einen körperlich und einen psychisch wirksamen Aspekt.**

- **Im Zentrum einer aromakosmetischen Behandlung steht jeweils ein ätherisches Öl, quasi »der Kaiser«, dessen Hydrolat wir verwenden.**

- **Neben der Mischung für die Aromamassage sollten nicht mehr sehr viele verschiedene Essenzen verwendet werden.**

- **Um uns selbst und die Kunden und Kundinnen vor einem Zuviel an ätherischem Öl zu schützen, stellen wir im Behandlungsraum keine Duftlampe auf.**

- **Wir verwenden nur die Essenzen, die wir selbst erfahren haben, die wir uns vertraut gemacht haben.**

- **Wir beachten auch hier, dass wir die Person sind, die über die fachliche Kompetenz verfügt. Anders als beim Ölkauf, wo die Nase des Käufers entscheidet, entscheiden wir, welche Essenzen nötig sind. Wir fragen nach, ob der Duft gefällt. Wir vertrauen auf unsere Intuition und auf unsere Fachkenntnis im Bereich der Aromakosmetik.**

Ganzheitliche Aromabehandlung

Allgemeiner Ablauf

Gesamtdauer: 2 Stunden

1. **Fußbad**
   Mit einem entspannend und erwärmend wirkenden Zusatz von ätherischen Ölen bereiten wir der Kundin ein Fußbad. Während des Fußbades kann mit der Anamnese begonnen werden.

2. **Fußmassage**

   und

3. **Rückenmassage**

   und

4. **Arm/Handmassage mit derselben Ölmischung.**

5. **Dehnübungen am Nacken zur Förderung der Entspannung und Ausstreichen der Haare vom Haaransatz weg bis über die Haarspitzen.**

Die Punkte 1 bis 5 nehmen ungefähr 20 bis 30 Minuten in Anspruch.

6. **Hautdiagnose**
Im Gegenüber mit der zu behandelnden Person.

7. **Einleitung der Behandlung mit 1 bis 3 feuchtwarmen Kompressen**
Im Kompressenwasser sind wenige Tropfen aromatisiertes Ölbad gelöst, das die Entspannung fördert.

8. **Reinigung mit Reinigungsöl** (z. B. das von S. 123).

9. **Klären mit Hydrolat.**

10. **Reinigungsmaske aus Heilerde, verrührt mit fettem Öl und Hydrolat.**
Diese Maske wird feucht gehalten mit Kompressen oder Dampf. Im Vapozon können sich die Atmung fördernde Essenzen befinden.

11. **Unreinheiten entfernen, mit Hydrolat desinfizieren.**

12. **Hautkur: Samenöl-Kapseln.**

13. **Aromamassage von Gesicht, Hals und Dekolleté.**

14. **Packung.**

15. **Erfrischen mit Hydrolat.**

16. **Pflegecreme.**

17. **Aromadrink: Mineralwasser mit 1 Teel. Hydrolat aromatisiert.**

18. **Abschließendes Gespräch und Zurechtmachen.**

Beispielhafte Behandlungspläne für verschiedene Hautbilder

Lipidarme Haut

Diagnose:

Sehr trockene Haut mit atrophischen Anzeichen, Kundin wirkt sehr antriebsschwach.

Im Zentrum der Behandlung soll hier die Orangenblüte stehen.

Reinigung:

1 Portion neutrales Reinigungsöl auf Gesicht, Hals und Dekolleté verteilen, kreisend emulgieren. Mit 3 feuchtwarmen Kompressen wieder abnehmen.

Tonisieren:

Mit Orangenblütenwasser.

Tiefenreinigung/Peeling:

1 ½ Teel. Heilerde mit Orangenblütenwasser verrühren, ½ Teel. Sesamöl dazugeben. Auf Gesicht und Hals auftragen, 10 Min. mit Dampf feucht halten (2 Tropfen Weißtanne im Verdunstungsring). Mit Schwämmchen und feuchtwarmen Kompressen wieder abnehmen.

Ampulle/Hautkur:

2 Kapseln Rosa-mosqueta-Öl mit trockenen Händen kreisend einmassieren.

Aromamassage:

1 EL Sanddornöl vermischt mit 1 Tropfen Weihrauch, 1 Tropfen Neroli, 3 Tropfen Orange süß.

Packung:

2 Teel. weiße Tonerde mit Orangenblütenwasser verrühren, ca. ½ Teel. Weizenkeimöl dazugeben. Auf Gesicht, Hals und Dekolleté verteilen. 7–10 Min. wirken lassen, mit 4 feuchtwarmen Kompressen wieder abnehmen. Währenddessen Augenkompressen mit Orangenblütenwasser.

Erfrischen:

Mit Orangenblütenwasser.

Pflegecreme:

Auftragen, eigene Mischung oder aus den bestehenden Pflegeprogrammen.

Mischhaut mit trockener Tendenz (feuchtigkeitsarm)

Diagnose:

Feuchtigkeitsarme Mischhaut mit stressbedingten Entzündungen.

Im Zentrum der Behandlung soll der Lavendel stehen.

Reinigung:

1 Portion neutrales Reinigungsöl auf Gesicht, Hals und Dekolleté verteilen, kreisend emulgieren. Mit 3 feuchtwarmen Kompressen wieder abnehmen.

Tonisieren:

Mit Lavendelwasser.

Tiefenreinigung/Peeling:

1 ½ Teel. feine Mandelkleie mit Lavendelwasser verrühren. ½ Teel. Olivenöl dazugeben. Auf Gesicht und Hals auftragen. 7–10 Min. mit Dampf (1 Tropfen Eukalyptus im Verdunstungsring) feucht halten. Mit Schwämmchen und 3 feuchtwarmen Kompressen wieder abnehmen.

Ampulle/Hautkur:

2 Kapseln Kameliensamenöl mit trockenen Händen kreisend einmassieren.

Aromamassage:

1 EL Aprikosenkernöl vermischt mit 2 Tropfen Sandelholz, 1 Tropfen Schafgarbe, 2 Tropfen Lavandin. Ölreste entfernen.

Packung:

2 Teel. Bierhefe mit Lavendelwasser verrühren, ca. ½ Teel. Aloe-vera-Öl dazugeben, auftragen. 10–15 Minuten wirken lassen, mit 4 feuchtwarmen Kompressen abwaschen. Währenddessen Augenkompressen mit Lavendelwasser.

Erfrischen:

Mit Lavendelwasser.

Pflegecreme:

Auftragen. Eigene Mischung oder aus den bestehenden Pflegeprogrammen.

Mischhaut mit öliger Tendenz

Diagnose:

Ölige Mischhaut mit Teleangiektasien, Kunde ist sehr distanziert.

Im Zentrum der Behandlung soll die Rose stehen.

Reinigung:

1 Portion neutrales Reinigungsöl auf Gesicht, Hals und Dekolleté verteilen, kreisend emulgieren. Mit 3 feuchtwarmen Kompressen wieder abnehmen.

Tonisieren:

Mit Rosenwasser.

Tiefenreinigung/Peeling:

1 ½ Teel. Heilerde mit Rosenwasser verrühren, auf Gesicht und Hals auftragen. 5 Min. trocknen lassen. Mit Schwämmchen und 3 feuchtwarmen Kompressen wieder abnehmen. Anschließend mit 1 kühlen Kompresse tonisieren. Gesicht trocknen.
Danach 10 Min. Gesichtsdampf mit z. B. Douglasie.

Ampulle/Hautkur:

1 Kapsel Nachtkerzenöl auftragen.

Aromamassage:

1 EL Macadamianussöl mit 2 Tropfen Zypresse, ½ Tropfen Rose, 1 Tropfen Manuka, 2 Tropfen Grapefruit.

Packung:

Das restliche Öl auf der Haut lassen. Gesicht mit festen Kosmetiktüchern aus Papier abdecken und das Massageöl mit 7 ziemlich warmen Kompressen in die Haut eindampfen. Auf den Augen liegen Kompressen mit Rosenwasser getränkt.

Erfrischen:

Mit Rosenwasser.

Pflegecreme:

Auftragen. Eigene Mischung oder aus den bestehenden Pflegeprogrammen.

Spezielle Entspannungsbehandlung

Dies ist eine ca. einstündige Behandlung, die der intensiven Entspannung der Psyche und Erfrischung der Haut dient.

1. **Kurze Rückenmassage, ca. 5 Min., mit einem entspannenden Körperöl.** Nehmen Sie das Grundrezept von S. 1 oder orientieren Sie sich an den Duftorgeln »psychische Befindlichkeiten« (s. S. 121)

2. 1 bis 3 warme, aromatisierte Kompressen.

3. Reinigungsmaske

1 Teel. Bolus alba mit Myrtenwasser verrühren, ca. ½ Teel. Sesamöl dazugeben. Auf Gesicht und Hals auftragen und leicht antrocknen lassen. Dann mit den Fingern abrubbeln und mit Schwämmchen nach waschen. Anschließend 3 bis 5 sehr warme, aromatisierte Kompressen auflegen.

4. Erfrischen

Gesichtstuch aus Papier auflegen, Orangenblütenwasser aufsprühen, andrücken. Gesicht abtrocknen.

5. Aromamassage

Ich empfehle Ihnen folgende Mischung: 20 ml Rosa-mosqueta-Öl, 50 ml Avocadoöl, 30 ml Jojobawachs mit 5 Tropfen Vanille, 5 Tropfen Honig, 20 Tropfen Rosenholz, 3 Tropfen Neroli, 3 Tropfen Muskatellersalbei, 12 Tropfen Grapefruit, 12 Tropfen Orange süß. (Davon brauchen Sie ca. 2 ml für Gesicht und Dekolleté)

6. Die Ölmischung eindampfen.

Nach der Massage lassen Sie das restliche Öl auf der Haut. Decken Sie das Gesicht mit festen Kosmetiktüchern ab und dampfen Sie das Massageöl mit 7 ziemlich warmen Kompressen in die Haut ein.

Auf den Augen liegen Kompressen mit Myrtenwasser.

7. Erfrischen

Wie unter 4.

8. Aromadrink

9. Zurechtmachen

Diese Wellness-Behandlungen bieten sich geradezu an, die Aromakosmetik bekannt zu machen.

Die vorgestellte ist nur eine Variante davon. Lassen Sie Ihrer Phantasie freien Lauf!

Ihre Entspannungsbehandlung können Sie auch mit einem Fußbad beginnen oder statt der Rückenmassage eine andere Teilkörpermassage voranstellen. Oder bieten Sie statt der Reinigungsmaske auch einmal eine Hautkur etc. an.

Die Aromamassage in der Kosmetik

Was bewirkt sie allgemein?

Die Aromamassage ist ein **Antistress-Programm**. Anspannung entsteht durch **Reizüberflutung:** Wir panzern unsere Muskeln und bedienen uns der psychischen Abwehrmechanismen, um die Stressoren abzuwehren. Dadurch entsteht ein Spannungszustand, Energie wird gebunden, Müdigkeit tritt ein.

Durch die Aromamassage erfahren wir einen Zustand der **Tiefenentspannung**, wodurch die gebundene Energie befreit werden kann. Wir bekommen ein Gefühl des Wohlbefindens, der gesteigerten Leistungsfähigkeit, fühlen uns wach.

Was bewirkt sie im Sinne der Ganzheitskosmetik?

Mit der Aromamassage erzeugen wir **innere Harmonie**, indem wir Entspannungszustände herbeiführen und die Selbstheilungskräfte anregen:

- Die Immunabwehr wird stimuliert,
- nervöse Anspannung und Muskelverspannungen werden gelöst,
- blockierte Energien geraten in Fluss,
- die Talg- und Schweißdrüsenfunktionen werden reguliert,
- die Stoffwechselvorgänge werden reguliert,
- das Gewebe wird entstaut,
- Verhärtungen werden weich gemacht,
- die Hautfunktionen und die Zellkommunikation werden angeregt.

Was brauchen wir dafür?

- **Ätherische Öle** als Wirkstoff.
- **Basisöle** als Wirkstoffträger, Wirkstoff und Gleitmittel.
- **Die Hände** als Behandlungsinstrumente, Kommunikationsmittel und Geberinnen von Streicheleinheiten.

Die Bedingungen, die eine Aromamassage erfolgreich werden lassen

- Der Raum ist weder zu kalt noch zu heiß, weder zu hell noch zu dunkel.
- Meditationsmusik, nach Bedarf/Vorliebe/Wunsch der Kundin.
- Körperteile, die nicht massiert werden, zudecken.
- Nicht sprechen während der Massage, den eigenen Rhythmus suchen, finden und durchhalten.
- Körperkontakt nicht aufgeben, Massage nicht unterbrechen, die Hände müssen warm sein, die Nägel kurz.
- Die Kundin soll bequem liegen. Unterstützen Sie dies evtl. mit Unterlagen, Kissen oder gerollten Handtüchern.
- Beachten Sie Ihre eigene Körperhaltung, damit Sie nicht verspannen.

- Sollte irgendwo an einer Stelle, die massiert wird, Schmerz auftreten, sofort aufhören, diese Stelle zu massieren: Wir machen keine medizinische Massage!
- Tränen können und dürfen fließen (das Aufgeben psychischer, emotionaler Blockaden; Psychohygiene). Wie sollen wir reagieren? Intuitiv! Entdecken wir unsere mütterlichen Fähigkeiten!

Wann darf nicht massiert werden?

- Bei Thrombosen oder Venenentzündung.
- Bei blauen Flecken, Hautausschlägen oder akuten Entzündungen; (bei Akne ist Lymphstimulation möglich).
- Bei akuten Rückenschmerzen, die in Arme oder Beine ausstrahlen.
- Bei Fieber, Infektionen oder ansteckenden Krankheiten.
- Bei Krampfadern ist Effleurage in Herzrichtung möglich.

Die Techniken der kosmetischen Aromamassage und deren Wirkung

Die Effleurage (Streichung)

- Streichen an der Oberfläche oder auch
- tiefer gehendes Streichen mit leichtem Druck in Richtung des Herzens: die Blutzirkulation in den Venen wird gefördert. Auf dem Rückweg zur Ausgangsposition nur leicht an der Oberfläche streichen.

Wirkung

- Mehr Nährstoffe werden zu den Organen transportiert.
- Die Ausscheidung von Stoffwechsel-Abfallprodukten wird beschleunigt.
- Die Lymphzirkulation wird verbessert.
- Allgemeine Beruhigung und Entspannung.

Effleurage ist besonders gut für nervöse, gereizte, übermüdete Menschen.

Die Petrissage (Knetung)

- Ein Muskel wird angehoben, gedrückt, gerollt: entweder mit beiden Händen oder mit flachen Händen und flachen Fingern oder mit Daumen und Zeigefinger.

Wirkung

- Fördert die Blutzirkulation und die Beseitigung von Abfallprodukten des Stoffwechsels.
- Wirkt Müdigkeit entgegen.
- Löst Gewebeverhärtungen.

Petrissage nur in Verbindung mit Effleurage ausführen!

Die Friktion (Reibung)

- Tiefer gehendes, zirkulierendes Reiben mit den Handflächen, den Daumenballen, den Knöcheln, mit einem oder mehreren Fingern: Die Hand »klebt« an der Haut, die Haut bewegt sich unter sanftem Druck mit der Hand über das Gewebe. Zum nächsten Punkt gleiten, Hautkontakt nicht verlieren.

Wirkung

- Beseitigung überschüssiger Flüssigkeit im Gewebe.
- Stimulierung des Kreislaufs.
- Lösen von Muskelverspannungen, Fettablagerungen und Gewebeverhärtungen.

Die Nervenpunkt-Stimulation

- Die fiktierende Massagebewegungen oder Druckpunktmassage.

Wirkung

- Stimulierung der Nervenenden; entlastet die Nerven und regt die Nervenströme an.

Die Reflexpunkt-Stimulation

- Mit der Außenseite des Daumens wird eine kleine, kreisende Bewegung beschreiben, kombiniert mit leichtem Druck in das Gewebe.

Wirkung

- Stimulierung des dem Reflexpunkt zugehörigen Organs, Harmonisierung des Organismus.

Die Lymph-Stimulation

- Sanfter Druck mit der ganzen flachen Hand in Richtung des Lymphflusses; wird v.a. im Gesicht ausgeführt.

Wirkung

- Regt den Lymphfluss an: Entstauung des Gewebes, der Abtransport von Stoffwechsel-Abfallprodukten wird gefördert.

Diese Techniken können ergänzt werden um weitere Techniken, die Sie allerdings nicht im Gesicht anwenden dürfen:

Das Wringen, Ziehen, Drücken und Öffnen sind wirksame Massagegriffe, um verspannte Muskeln zu lockern. Im Gesicht dürfen Sie diese Techniken allerdings nicht anwenden!

Die Akupunkt-Stimulation

- Ausstreichen von Meridianen oder Effleurage über Akupunkturpunkten oder Stimulierung spezieller Akupunkturpunkte durch Druck mit dem Daumen.

Wirkung

- Fördert den Energiefluss in den Meridianen.

Das Wringen

- Drückende, ziehende und drehende Bewegung der Hände in entgegengesetzte Richtungen, direkt am Muskel.
- Diese Technik kann nach der Petrissage eingesetzt werden, wenn die Muskeln gelockert sind.

Wirkung

- Auflösen von Muskel-Panzern.

Das Ziehen

- Ebenfalls eine Technik, die nach einer Petrissage ausgeführt werden kann.
- Die Hände sind gewölbt, die Griffe beginnen unterhalb des Körpers. Ziehen wird immer von unten über die Körperseite ausgeführt.

Wirkung

- Lockerung des Muskelgewebes.

Das Drücken

- Kann nach der Effleurage an den Gliedmaßen angewendet werden.
- Mit flachen, zu einem V aneinander gelegten Händen wird der entsprechende Muskel zum Herzen hin geschoben. Oder Daumen und Zeigefinger bilden ein V.

Wirkung

- Fördert die Blutzirkulation und den Abtransport von Stoffwechsel-Abfallprodukten.
- Lockert das Muskelgewebe.

Das Öffnen

- Wird immer an Muskeln ausgeführt.
- Die aneinanderliegenden Daumen und Handballen entfernen sich unter leichtem Druck voneinander, zu den Seiten hin.

Wirkung

- Baut Spannungen in der Muskulatur ab.

Für den Anfang bietet es sich immer an, eine Massage nach einem genauen Ablauf durchzuführen.

- ***Sie gewinnen an Sicherheit.***
- ***Sie bleiben im Fluss und finden Ihren Rhythmus.***
- ***Sie bleiben in einem bestimmten Zeitrahmen.***

Je sicherer Sie werden, desto mehr können Sie anfangen »zu spielen«. Massagegriffe variieren, die Dauer verlängern oder verkürzen etc. Massieren muss Spaß machen. Wenn eine Massage Sie zu sehr auslaugt, machen Sie etwas falsch: Sie geben zu viel! Nehmen Sie innerlich Abstand von den Problemen der Kundin. Pflegen Sie Ihre eigene Psychohygiene!

Die Massage von Gesicht und Dekolleté

1. Ölmischung auftragen.

Effleurage mit beiden flachen Händen über Gesicht, Hals, Dekolleté, Nacken und Oberarme.

2. Den Atem in Einklang bringen.

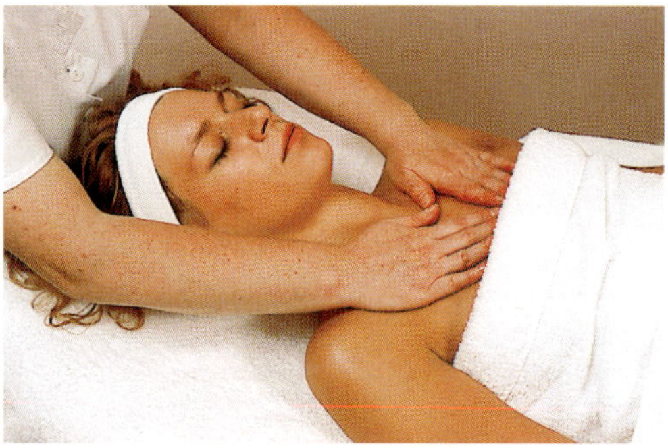

Beide Hände liegen flach auf dem Dekolleté. Versuchen Sie, den eigenen Atemrhythmus dem der Kundin anzugleichen.

3. Effleurage.

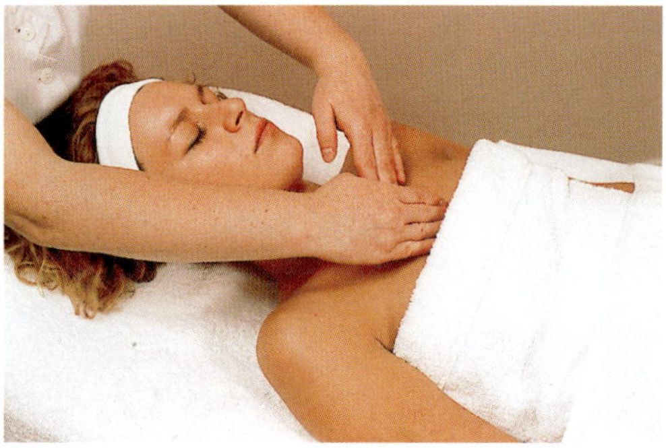

Die drei mittleren Finger jeder Hand streichen abwechselnd über dem Brustbein aufwärts. Insgesamt 7x.

4. Friktion.

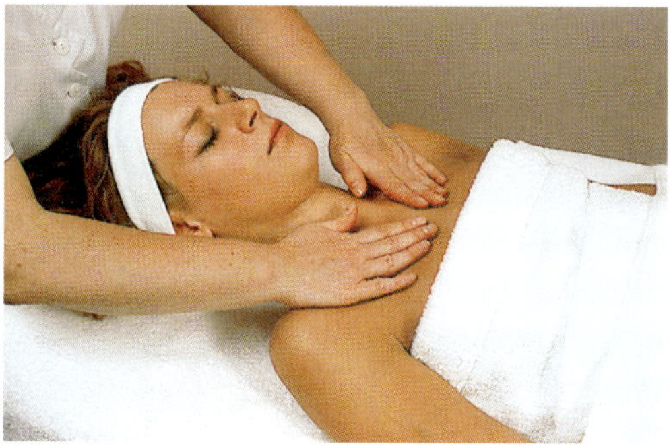

Beide Hände flach auf dem Dekolleté auflegen. Vom Brustbein aus arbeiten die Hände gleichzeitig kreisend im Uhrzeigersinn bis zu den Achseln. Insgesamt 5x.

5. Friktion.

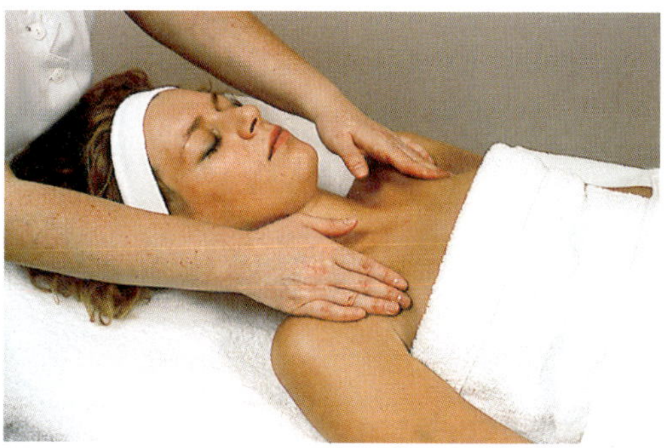

Mit den flachen Fingern beider Hände beide-Armhebermuskel greifen und gleichzeitig gegen den Uhrzeigersinn kreisend massieren. Insgesamt 5x.

6. Effleurage.

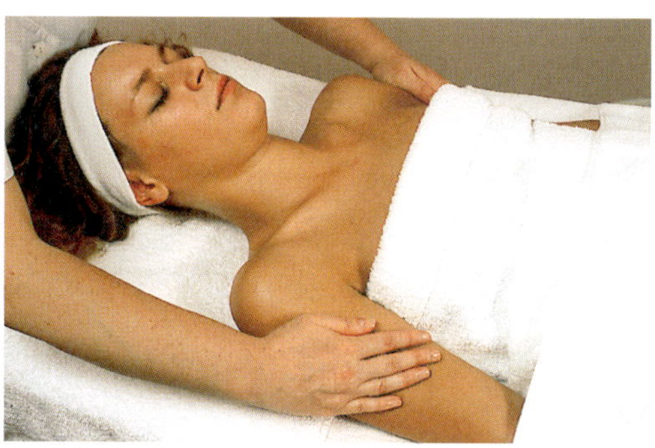

Mit beiden flach aufliegenden Händengleichzeitig von der Schulter ab die Arme bis zu den Armbeugen abwärts streichen und über die Ellbogen die Arme wieder hoch streichen bis zu den Schultern. Insgesamt 5x.

7. **Petrissage.**

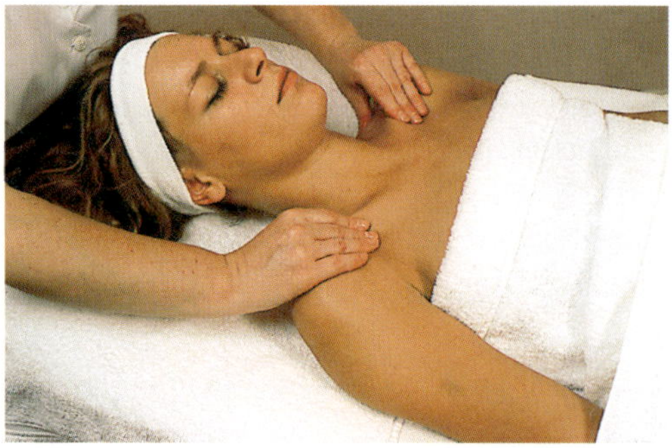

Beide Hände kneten den Schultergürtel am Oberarm weg bis zum Hals. Dabei kneten die Daumen den Trapezmuskel, die anderen 4 Finger jeder Hand gleiten unterhalb des Schlüsselbeins entlang. Insgesamt 5x.

8. **Effleurage.**

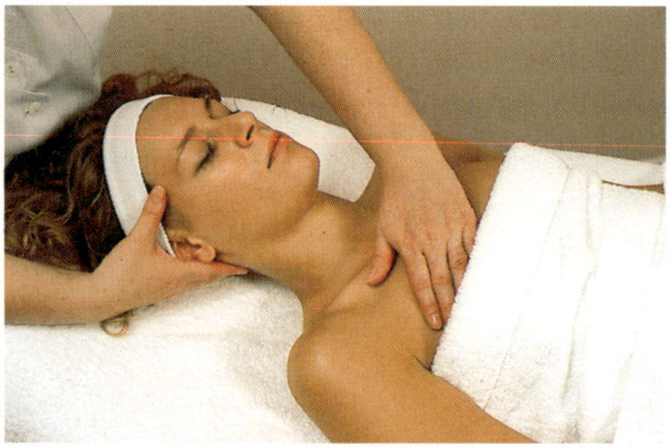

Die linke Hand liegt an der linken Schulter, während die rechte Hand den linken Brustmuskel anhebt und über das Dekolleté, rechte Schulter und Trapezmuskel zum Hinterhauptrand streicht. Die rechte Hand bleibt nun hier liegen und die linke Hand führt die beschriebene Bewegung von rechts nach links aus. Abwechselnd je 3x.

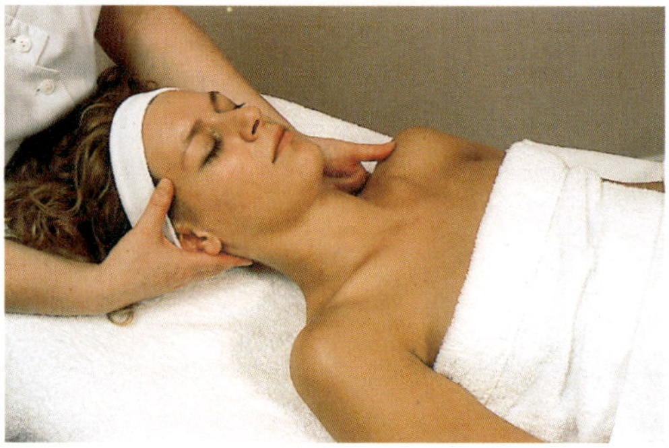

9. **Effleurage.**

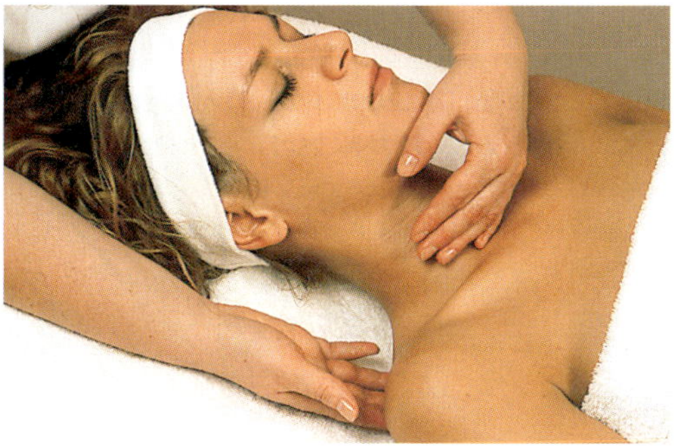

Die linke Hand liegt am linken Oberarm. Die rechte Hand streicht den vorderen Hals ab dem linken Ohr (Daumen gleitet über den Kinnrand, der kleine Finger über das Schlüsselbein) bis hinter das rechte Ohr aus.
Die rechte Hand bleibt liegen, die linke führt die beschriebene Bewegung aus. Abwechselnd je 3x.

10. **Effleurage.**

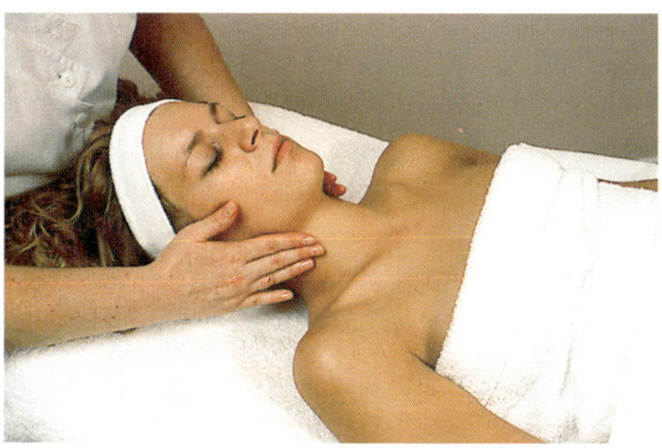

Mit beiden flach aufliegenden Händen vom Hinterhauptrand weg über die vorderen Halsmuskeln hinabstreichen. Beide Hände treffen sich in der Mitte des Dekolletés, streichen dieses zu den Schultern hin aus und über den Trapezmuskel wieder zum Hinterhauptrand. Insgesamt 5x.

11. Effleurage.

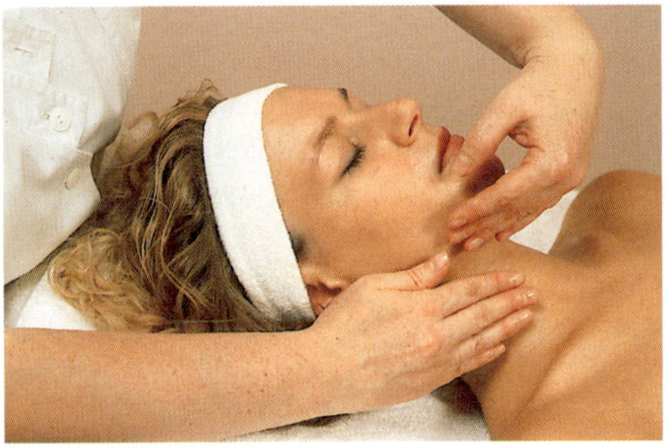

Sehr leichte Effleurage (die Haut wird kaum berührt) mit beiden Händen abwechselnd. Auf der rechten Seite beginnend den Hals aufwärts vom Schlüsselbein weg zum Kinnrand hin bis zur linken Seite des Gesichts und wieder zurück. Abwechselnd je 2x.

12. Effleurage.

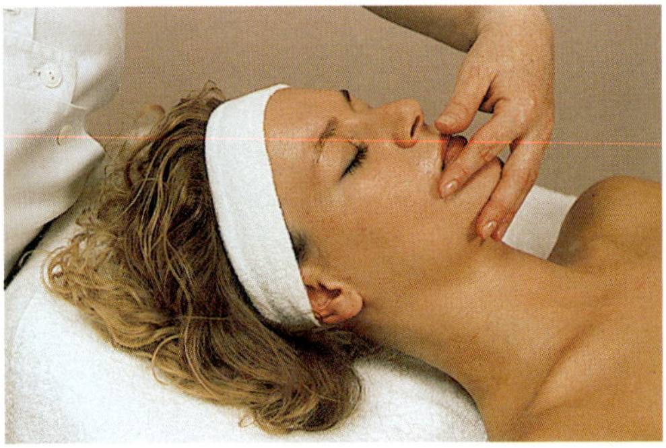

Zeige- und Mittelfinger der linken Hand bilden eine Schere und streichen den Unterkiefer vom rechten Ohr weg aus, bis zu den Lymphknoten hinter dem linken Ohr, während die rechte Hand an der rechten Schulter liegt. Die linke Hand bleibt liegen, die rechte Hand führt die beschriebene Bewegung von links nach rechts aus. Abwechselnd je 3x.

13. Effleurage.

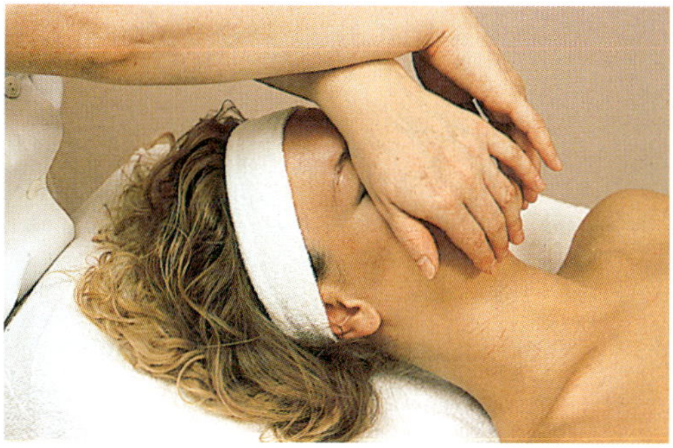

Beide Hände liegen über Kreuz an der Kinnspitze. In dieser Position streichen die Mittelfinger beider Hände das Gesicht aufwärts – an den Mundwinkeln vorbei, über die Nasolabialfalte, an der Nase entlang – und stimulieren den Blasenmeridian-Punkt B 2 (s. S. 144).

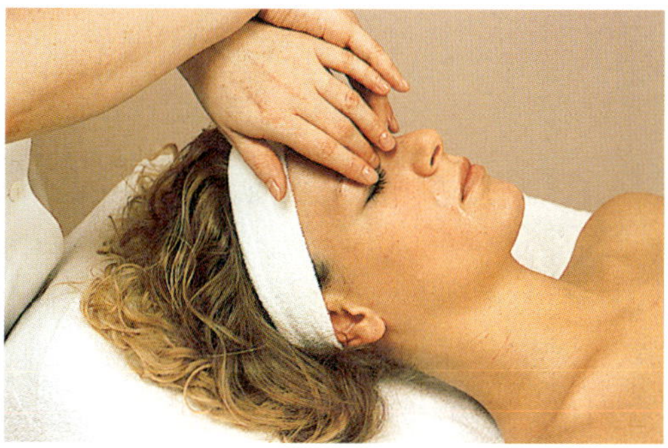

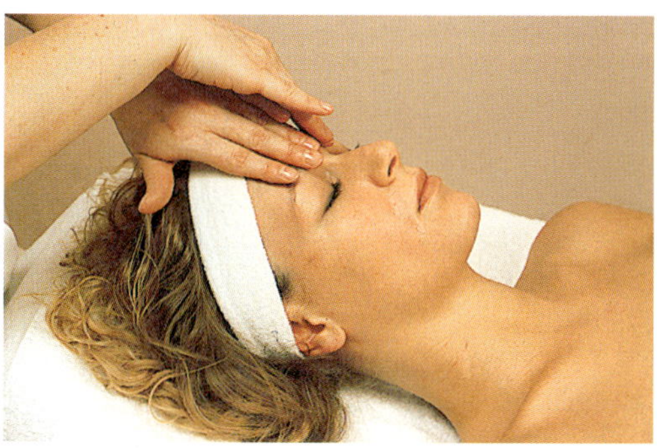

In überkreuzter Position streichen die Hände den mittleren Stirnmuskel aufwärts bis fast zum Haaransatz. An dieser Stelle trennen sie sich und streichen die Stirn zur Seite hin aus bis zu den Schläfen: Gallenblasenmeridian-Punkt G 1 (s. S. 144). Insgesamt 3x.

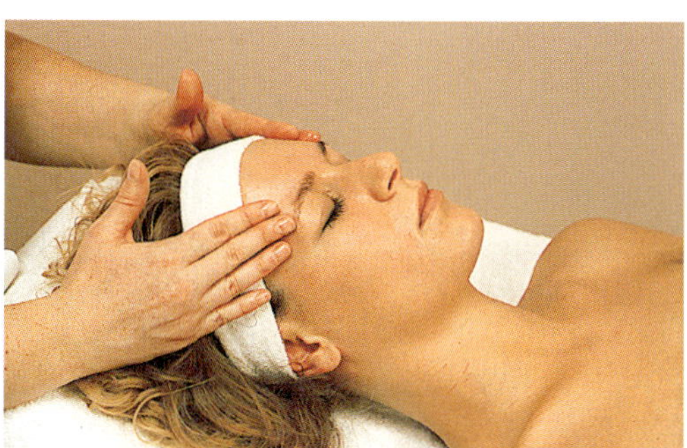

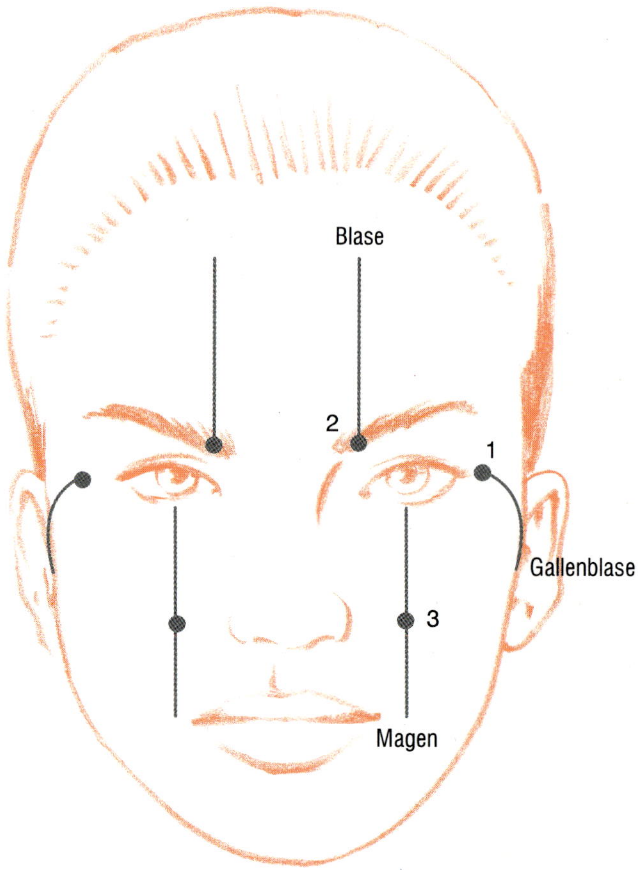

Im Gesicht finden sich wichtige Akupunkturpunkte, die wir bei der Gesichtsmassage stimulieren können.

14. Effleurage und Akupunkt-Stimulation im Wechsel.

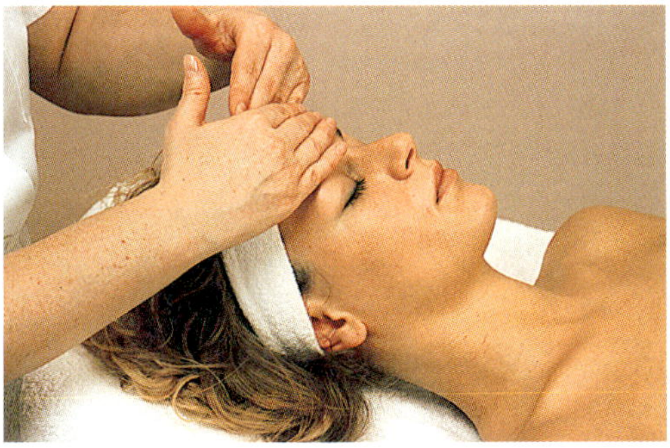

Mit beiden flachen Händen abwechselnd den großen und die kleinen Stirnmuskeln von den Augenbrauen weg zum Haaransatz hin aufwärts je 2x ausstreichen. Danach den Gallenblasenmeridian-Punkt G 1 mit leichtem Druck kreisend stimulieren (3x). Anschließend wieder die Stirnmuskeln wie beschrieben ausstreichen.

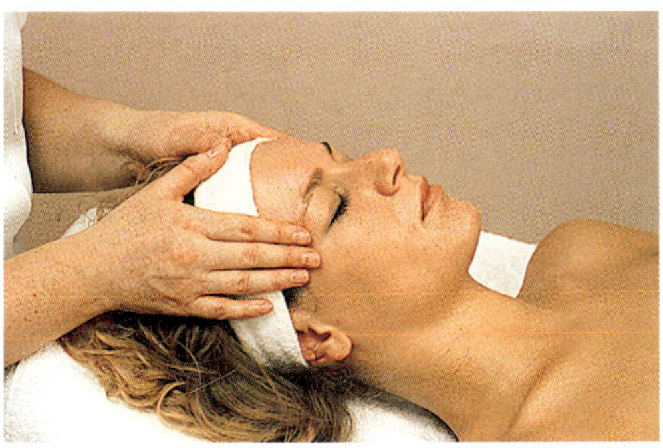

15. Petrissage, Lymphpunkt-Stimulation.

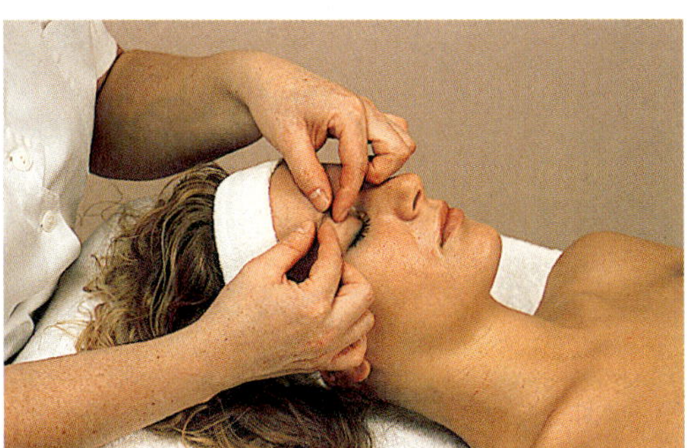

Die Augenbraue zwischen dem Daumen der linken Hand und dem Zeigefinger der rechten Hand sowie zwischen dem Daumen der rechten Hand und dem Zeigefinger der linken Hand abwechselnd kneten. Immer an der Nasenwurzel beginnen, jede Augenbraue 3x kneten.

16. Effleurage, Lymphpunkt-Stimulation.

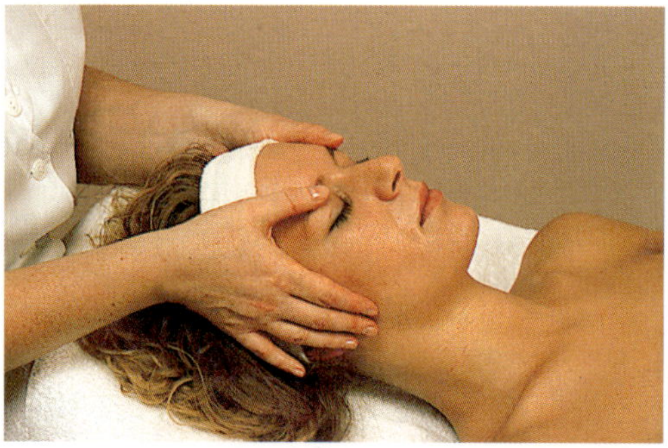

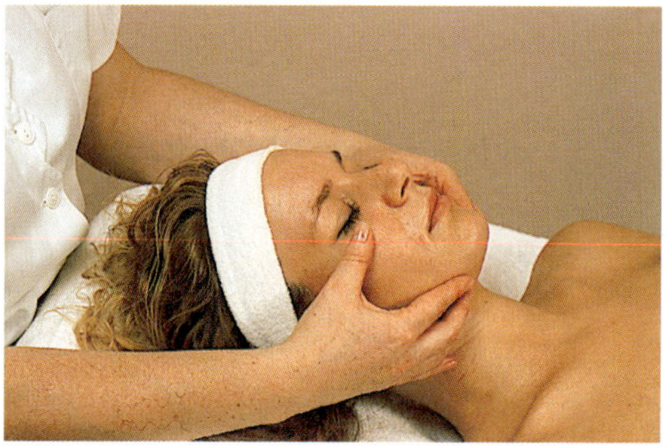

Die oberen und den unteren Augenmuskel mit den flachen Daumen beider Hände ausstreichen. An der Nasenwurzel, bzw. dem inneren Augenwinkel beginnen. Jeweils am Gallenblasenmeridian-Punkt G 1 enden. Abwechselnd je 3x.

17. Effleurage.

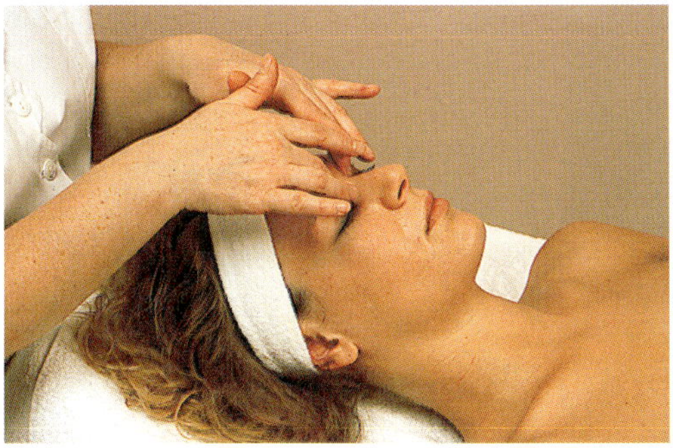

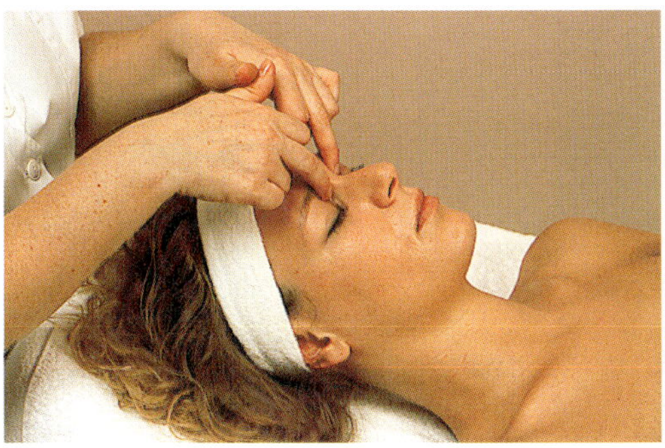

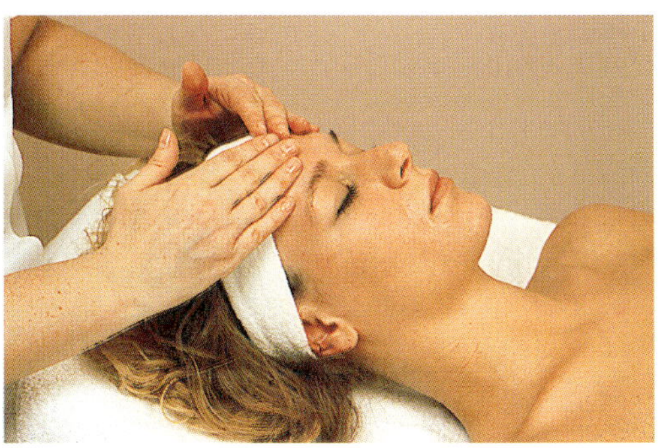

Beide Hände liegen an beiden Schläfen. Von dieser Position weg gleiten die Zeigefinger über den unteren Augenmuskel bis zum Blasenmeridian-Punkt B 2, der leicht stimuliert wird, dann weiter über den oberen Augenmuskel (Augenbraue) bis zu den Schläfen hin. Insgesamt 3x.

18. Effleurage und Petrissage im Wechsel.

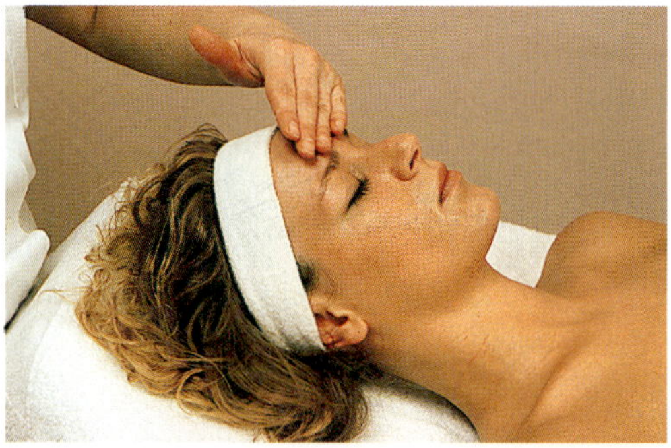

Mit beiden flachen Händen den großen und die kleinen Stirnmuskeln je 2x von den Augenbrauen weg zum Haaransatz hin ausstreichen. Danach die Stirnmuskeln je 3x von der Augenbraue weg zum Haaransatz hin kneten (siehe Massagegriff Nr. 15). Danach die Stirn wieder wie beschrieben ausstreichen.

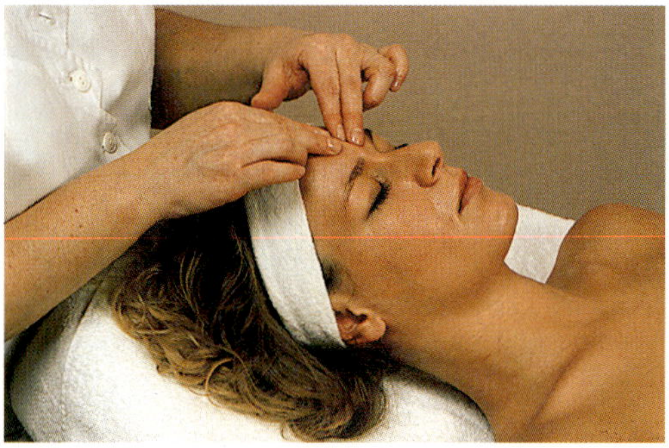

19. Lymph-Stimulation.

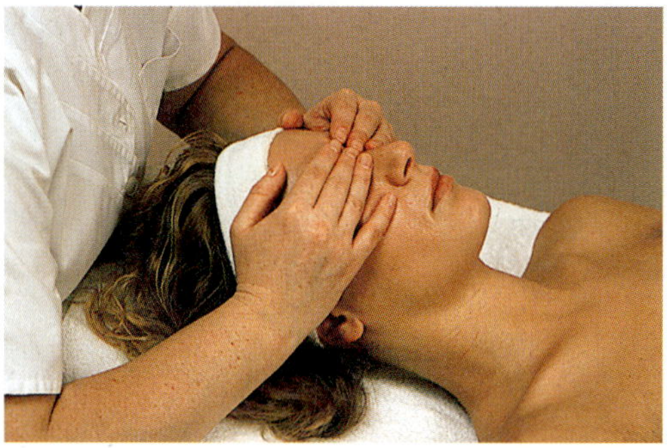

Beide Hände liegen über den Augen. Die Mittelfinger stoßen an der Nasenwurzel gegeneinander. Die Zeigefinger liegen auf den oberen Augenmuskeln (Augenbraue), die Ringfinger liegen auf den unteren Augenmuskeln, die Daumen liegen am Haaransatz, die kleinen Finger liegen oberhalb des Jochbeins. 5x nach unten hin pumpen: Die Handgelenke berühren die Kiefergelenkknochen.

20. Effleurage.

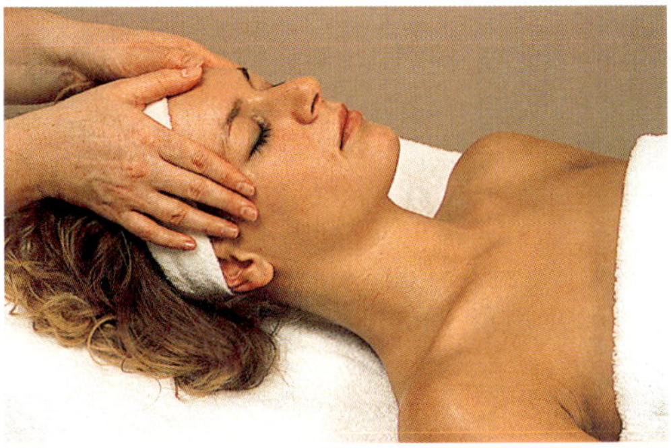

Unterhalb des Haaransatzes beginnen; die flachen Daumen beider Hände liegen in der Stirnmitte aneinander. Zur Seite hin das Gesicht in 7 Bahnen ausstreichen, jedes Mal am Ohr enden. 1. Stirn – 2. Stirn – 3. Augenbraue – 4. und 5. über die Augen – 6. Nasolabialfalte – 7. Unterkiefer.

21. Petrissage.

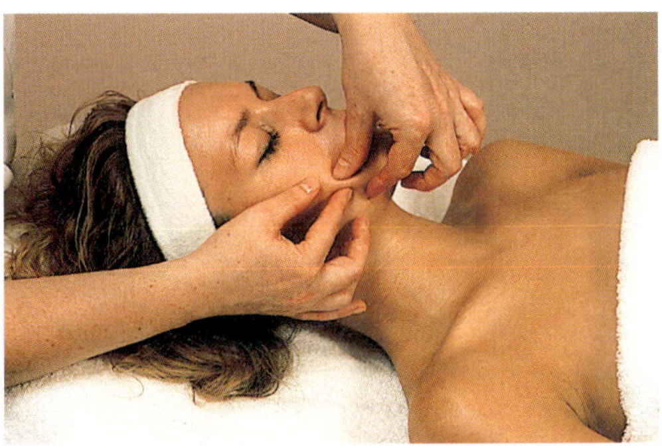

Den großen rechten Wangenmuskel vom Mundwinkel weg bis zur Ohrmitte hin, wie bei Massagegriff Nr. 15 beschrieben, 3x kneten. Danach den linken großen Wangenmuskel kneten.

22. Effleurage und Akupunkt-Stimulation im Wechsel.

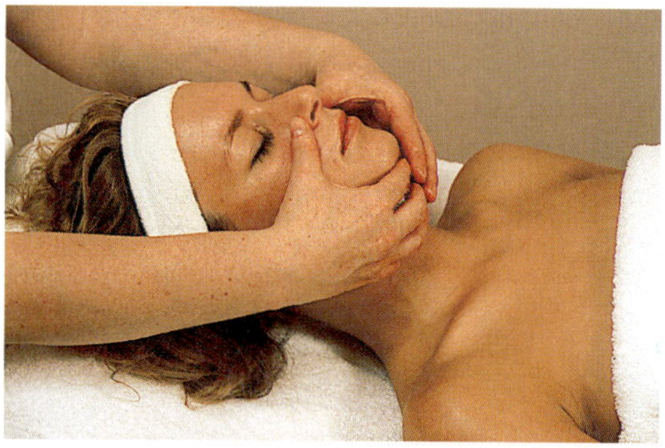

Mit beiden flachen Daumen die Nasolabialfalten gleichzeitig 1x ausstreichen bis zur Ohrmitte hin. Danach die Magenmeridian-Punkte M 3 (unterhalb des Jochbeins senkrecht von der Mitte des Auges weg liegend, s. S. 144) 3x mit Druck von oben stimulieren. Danach wieder die Nasolabialfalte wie beschrieben ausstreichen.

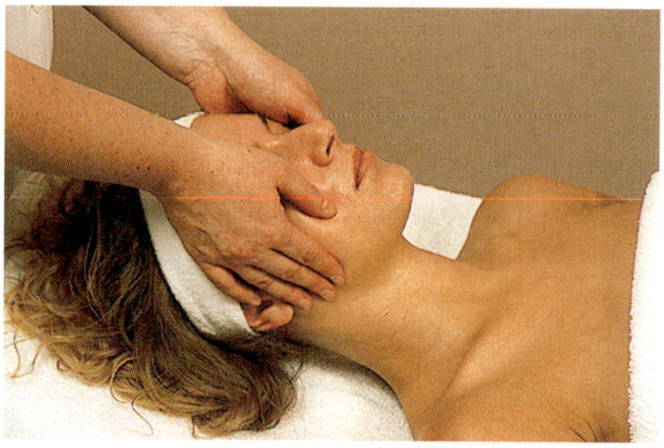

23. Effleurage.

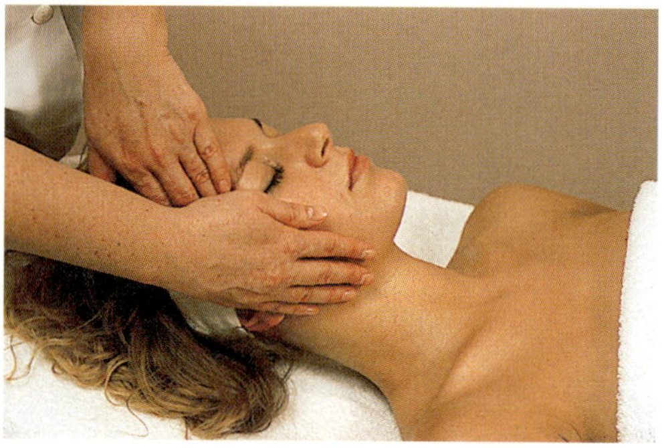

Die linke Hand beginnt auf der linken Gesichtsseite. Die flachen Hände streichen abwechselnd vom Unterkieferrand bis zu den Schläfen hin die seitlichen Wangen aus. Auf jeder Gesichtsseite insgesamt 6x.

24. Friktion und Effleurage im Wechsel.

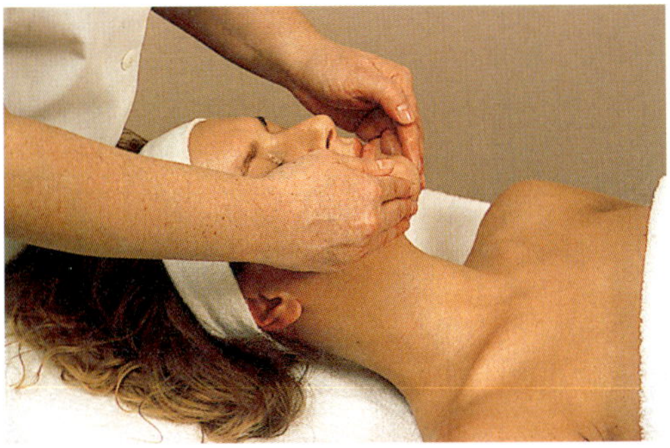

Von der Kinnmitte weg mit den flachen Fingern beider Hände zu den Ohren hin den Unterkiefer massieren. Danach im Scherengriff ausstreichen (siehe Massagegriff Nr. 12). Insgesamt 3x im Wechsel Friktion und Effleurage.

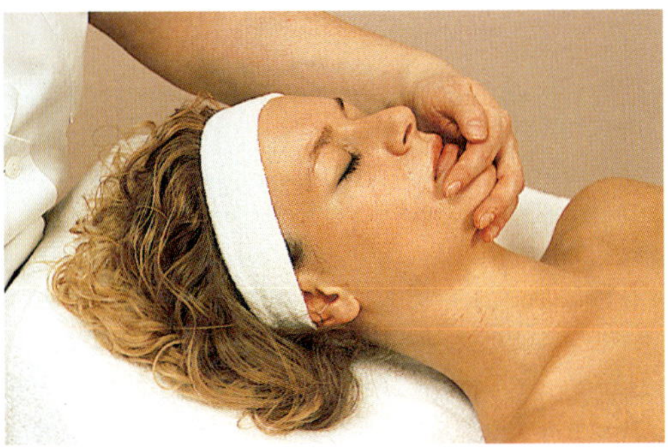

25. Friktion.

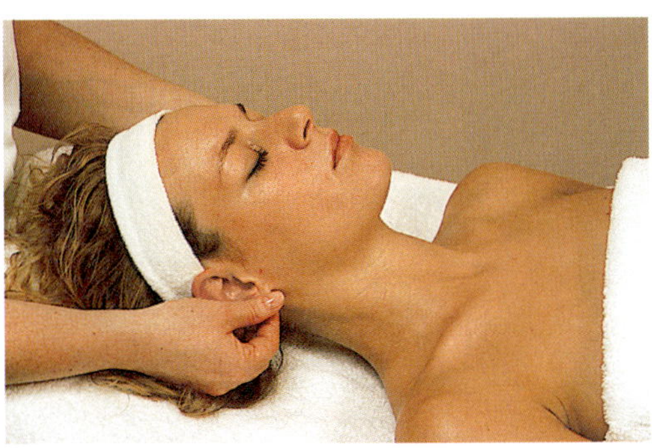

Den äußeren Rand beider Ohren gleichzeitig massieren, vom Ohrläppchen weg nach oben hin. 3–5x. Abschließend am Ohrläppchen zupfen.

26. Effleurage.

Je 1x die Massagegriffe Nr. 13 und Nr. 20 ausführen.

27. Friktion und Effleurage im Wechsel.

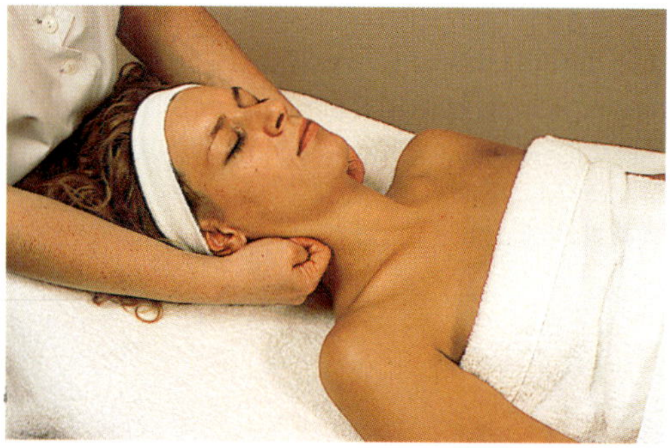

Mit beiden zur Faust geballten Händen die hinteren Halsmuskel vom Hinterhauptrand weg zum Trapezmuskel hin massieren. Danach diese Bahn hoch streichen. Insgesamt 5x.

28. Effleurage und Lymph-Stimulation im Wechsel.

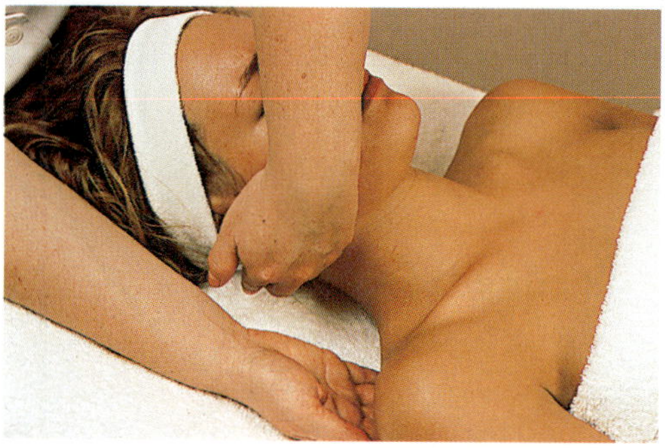

Die rechte Hand streicht vom Hals weg den Trapezmuskel bis zur rechten Schulter aus, während die linke Hand mit der Handkante oder dem Daumen die Lymphbahn hinter dem rechten Ohr beginnend (Profundus) ausstreicht und an der Lymphsammelstelle oberhalb des Schlüsselbeins (Terminus) endet. Insgesamt 3x, danach auf der anderen Seite wie beschrieben ausführen.

29. Effleurage (Abschluss).

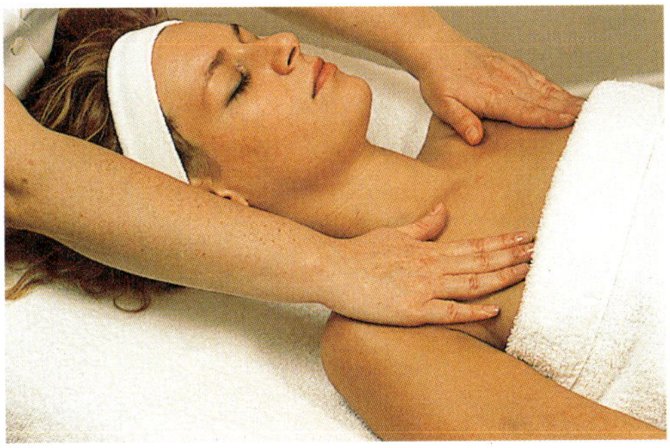

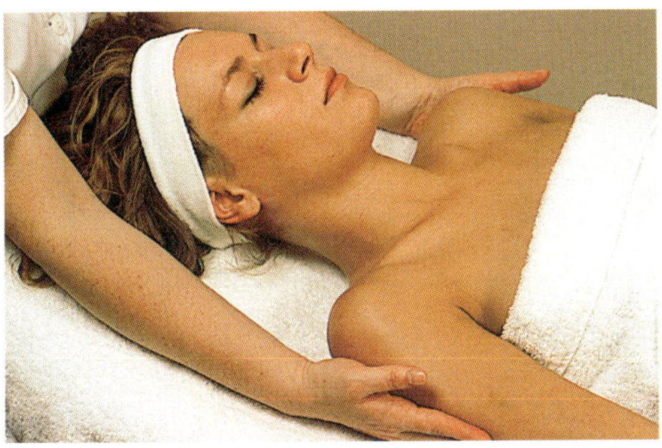

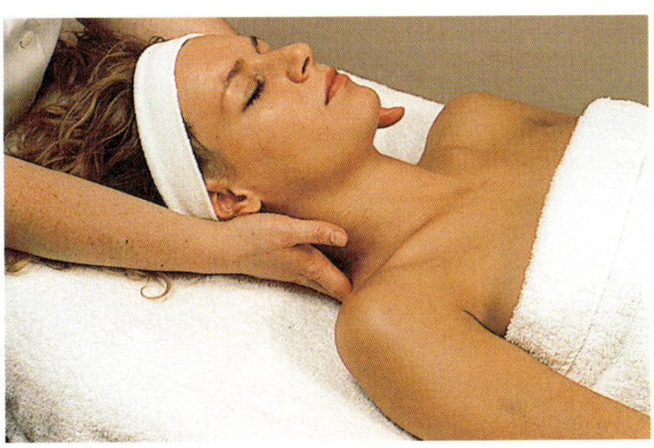

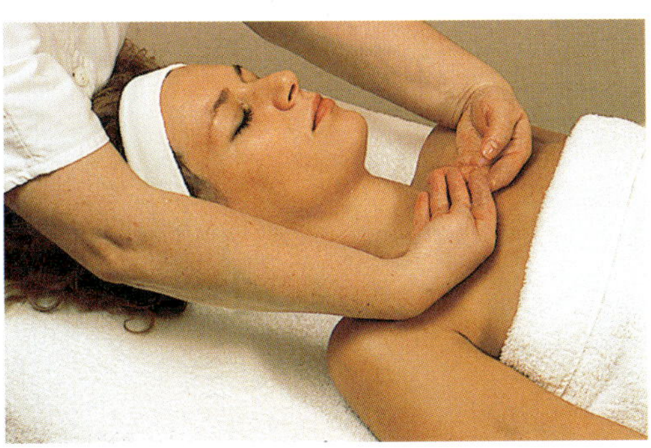

Von der Mitte des Dekolletés aus gleiten beide Hände flach zu den Oberarmen hin, streichen über die Oberarme (siehe Massagegriff Nr. 6), über den Trapezmuskel zum Hinterhauptrand, an den vorderen Halsmuskeln entlang wieder zum Dekolleté. Insgesamt 3x.

30. Fortsetzung.

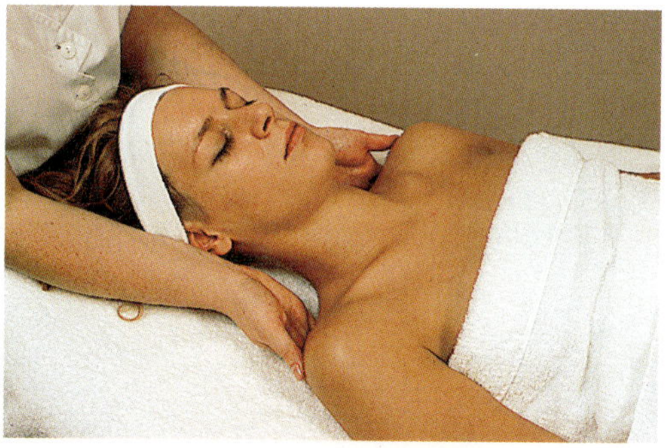

Nachdem der Massagegriff Nr. 29 zum 3. Mal ausgeführt wurde, streichen die Hände wie vorher der Reihenfolge nach bis zum Trapezmuskel und gleiten dann über den Unterkieferrand, über das Gesicht bis zum Haaransatz. Langsam zur Seite hin die Hände öffnen und wegnehmen.

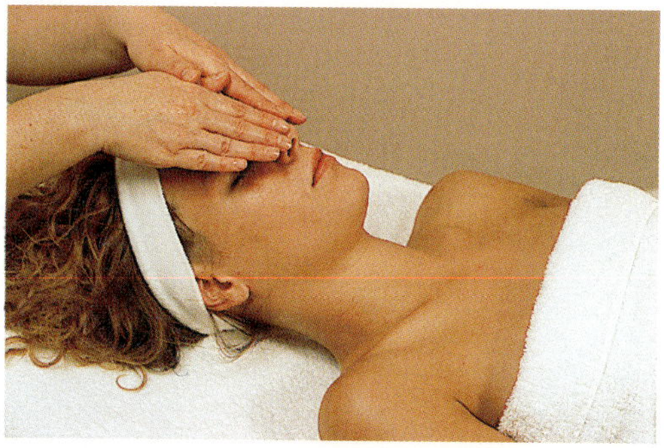

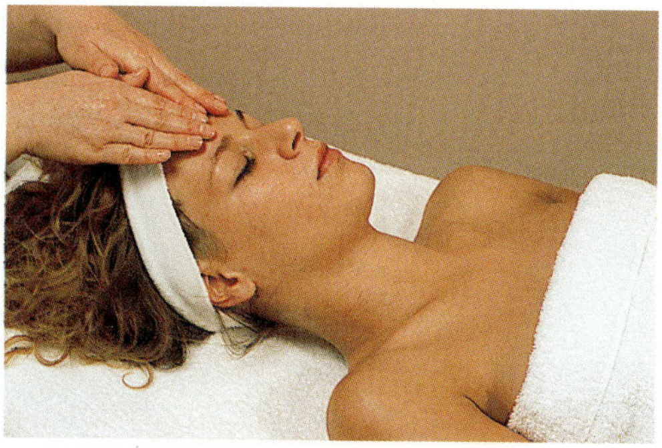

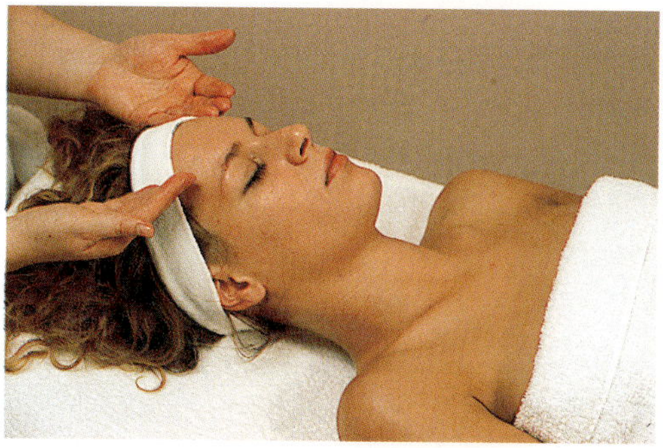

Die Ohrmassage

Durch die Massage der Ohren erreichen wir eine allgemeine Harmonisierung und Entspannung. Am Ohr befinden sich ungefähr 400 Reflexpunkte, d.h. Punkte, die einen Bezug zu bestimmten Organen und Körperteilen haben, so wie wir es von den Fußsohlen kennen. Außerdem verläuft hinter dem Ohr der Drei-Erwärmer-Meridian, daneben der Gallenblasenmeridian. Vorne am Ohr befinden sich Einlasspunkte für den Gallenblasen- und für den Dünndarmmeridian (s. u.).

Ablauf der Massage

Die Kundin liegt oder sitzt, Sie stehen hinter ihr. Die Haare der Kundin müssen so abgedeckt sein, am besten durch ein Stirnband, dass die Ohren mühelos massiert werden können.

1. Auftragen der Ölmischung auf beide Ohren gleichzeitig (nehmen Sie eine Mischung, die Sie auch für die Gesichts- oder Körpermassage verwenden).
   Dann an beiden Ohren gleichzeitig massieren.

2. Den äußeren Ohrrand vom Ohrläppchen aus aufwärts zwischen Daumen und Zeigefinger kneten. Wieder hinabgleiten. 4x wiederholen.

3. Den inneren Ohrrand genauso kneten wie den äußeren Ohrrand. 4x wiederholen.

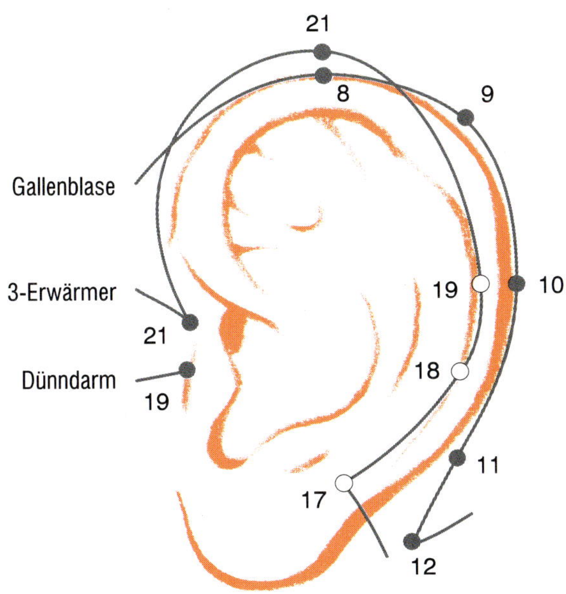

Gallenblasenmeridian, Drei-Erwärmer-Meridian und Dünndarmmeridian verlaufen teilweise auf der Ohrmuschel oder in unmittelbarer Nähe des Ohrs. Wenn wir die Ohren mit ihren Reflexpunkten massieren, wirken wir harmonisierend auf den ganzen Körper ein.

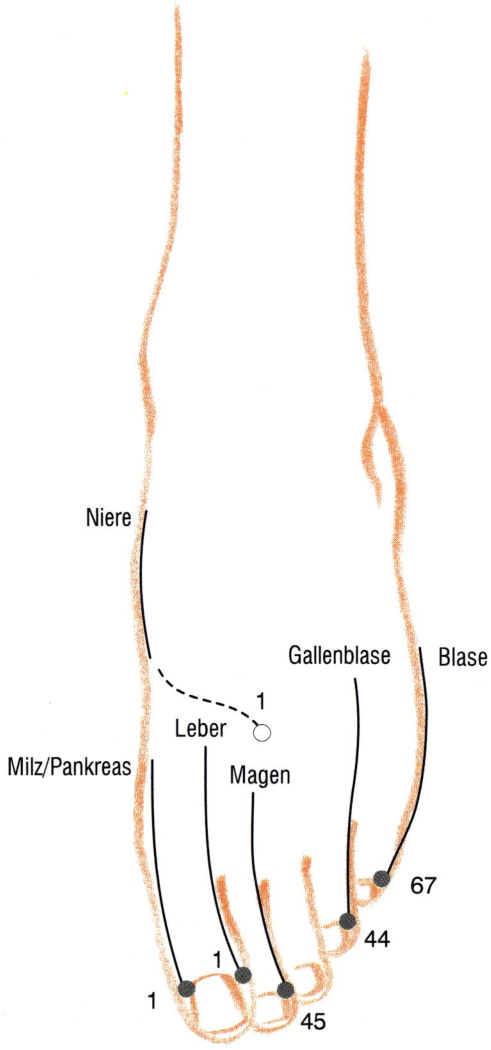

Am Fuß beginnen bzw. enden mehrere Meridiane. Das ist mit ein Grund, warum eine Fußmassage so entspannend wirkt.

4. Ein Teil des Drei-Erwärmer-Meridians verläuft direkt hinter dem Ohr aufwärts (s. S. 144).
   Mit der Kuppe des Mittelfingers auf beiden Seiten den Meridian in seiner Fließrichtung stimulieren. 4x wiederholen.

5. Mit der Kuppe des Mittelfingers den Punkt vor dem Zäpfchen in der Ohrmitte, das vor dem Eingang zum Gehörgang liegt, stimulieren (Akupunkturpunkt des Dünndarmmeridians). 4x wiederholen.

6. Das ganze Ohr zwischen den Fingern kneten. Insgesamt 7x .

7. Den äußeren Ohrrand vom Ohrläppchen aufwärts zupfen und wieder zurück. 4x wiederholen.

8. Die Lymphe von den Ohrlymphknoten (Profundus) aus über den Hals (Terminus) ableiten. Insgesamt 4x.

9. Die Hände ca. 2 Minuten auf oder kurz über den Ohren halten. Die Hände langsam wegnehmen.

Die Fußmassage

Auf unseren Fußsohlen und auch auf unseren Fußvorderseiten befinden sich wichtige Reflex-, Nervenpunkte und Lymphbahnen. Der Leber-, Milz- und Nierenmeridian nehmen am Fuß ihren Anfang, während der Blasen-, Gallenblasen- und Magenmeridian hier enden (s. nebenstehende Abbildung).

Über die Füße gelangen ätherische Öle sehr schnell in den Organismus, deshalb sind Fußmassagen bei allen Disharmonien psychischer oder körperlicher Art eine ausgezeichnete Soforthilfe.

Ablauf der Massage

Ein **Fußbad** vor der Massage dient der Entspannung, holt gestaute Energie vom Kopf in die Füße und dient nicht zuletzt der Hygiene.

Bei der Fußmassage liegt die Kundin, Sie stehen vor ihr. Der Fuß, der nicht massiert wird, bleibt zugedeckt.

1. Auf beide Füße gleichzeitig, ab ungefähr unterhalb der Knie, die Ölmischung auftragen (Effleurage). Danach decken Sie den linken Fuß ab, und massieren zuerst den rechten.

2. Kontakt aufnehmen: Ca. 1 Min. Die Hände an den Fesseln halten, hier sind wichtige Energiepunkte.

3. Mit beiden Händen gleichzeitig 5–7x die Knöchel umkreisen.

4. Mit beiden Daumen vom Zehenansatz weg den Fuß – auf der Fußvorderseite – öffnen (s. S. 137). 5–7x.

5. Mit beiden Händen gleichzeitig von den Zehenspitzen zur Ferse hin die Fußsohle friktieren. 5–7x.

6. Effleurage: Die Fußsohle abwechselnden mit beiden Händen 3–5x ausstreichen, in gleicher Richtung, in der massiert wurde.

7. Die Zehen friktieren: Am großen Zeh beginnen, je 3x.

8. Die Lymphbahn unterhalb der Zehen auf der Fußsohle – mit wenig Druck – mit dem Daumen der einen Hand friktieren, die andere Hand hält den Fuß. Insgesamt 3x.

9. Die Zehenzwischenräume zwischen Daumen und Zeigefinger 1x (leicht) drücken.

10. Leichtes Stretching des Fußes: Eine Hand liegt unter der Ferse, die andere auf der Fußvorderseite auf Höhe der Knöchel: Ziehen Sie das Bein leicht zu sich heran und lassen Sie es dann wieder los. Insgesamt 3x.

11. Den Unterschenkel und Fuß mit beiden Händen ab unterhalb des Knies bis über die Zehenspitzen ausstreichen.

Die Rückenmassage

Rückenmassagen bieten sehr schnell Entspannung. Entlang der Wirbelsäule liegen nicht nur wichtige Nervenendpunkte, sondern auch Akupunkturpunkte, die sogenannten Back-shu-Points: Jedes dieser Akupunkturpunkt-Paare hat Bezug zu einem Organ im Körper (s. Abb. S. 158).

Entlang des Rückens fließt die Energie der Yang-Meridiane, vom Kopf zu den Füßen hin. Da die Massage am Rücken in der Regel vom Po weg zum Kopf hin durchgeführt wird, resultiert automatisch eine Reduzierung der Yang-Energie, was das Yin – die Entspannung – fördert.

Ablauf der Massage

Ein Kissen unter dem Bauch erleichtert die Bauchlage.

Unsere Position ist links von der Massagebank.

1. Effleurage: Ölmischung auftragen.

2. Kontaktaufnahme: Für ca. 1/2 Minute liegt die linke Hand an der Halswirbelsäule und die rechte Hand am Kreuzbein auf.

3. Effleurage: Etwa eine Daumenbreite links und rechts neben der Wirbelsäule gleiten beide Hände, mit parallel zueinander blikkenden Fingerspitzen, den Rücken hinauf und streichen an den Seiten wieder hinunter. 5–7x.

4. Am unteren Ende der Wirbelsäule beginnen: Direkt links und rechts neben der Wirbelsäule die Nervenendpunkte mit den Daumen friktierend massieren. Die massierte Bahn zurückstreichen. 3–5x.

5. Die Hände aufeinander legen und zu den Schulterblättern hoch streichen: Um die Schulterblätter 5–7x eine Acht ziehen.

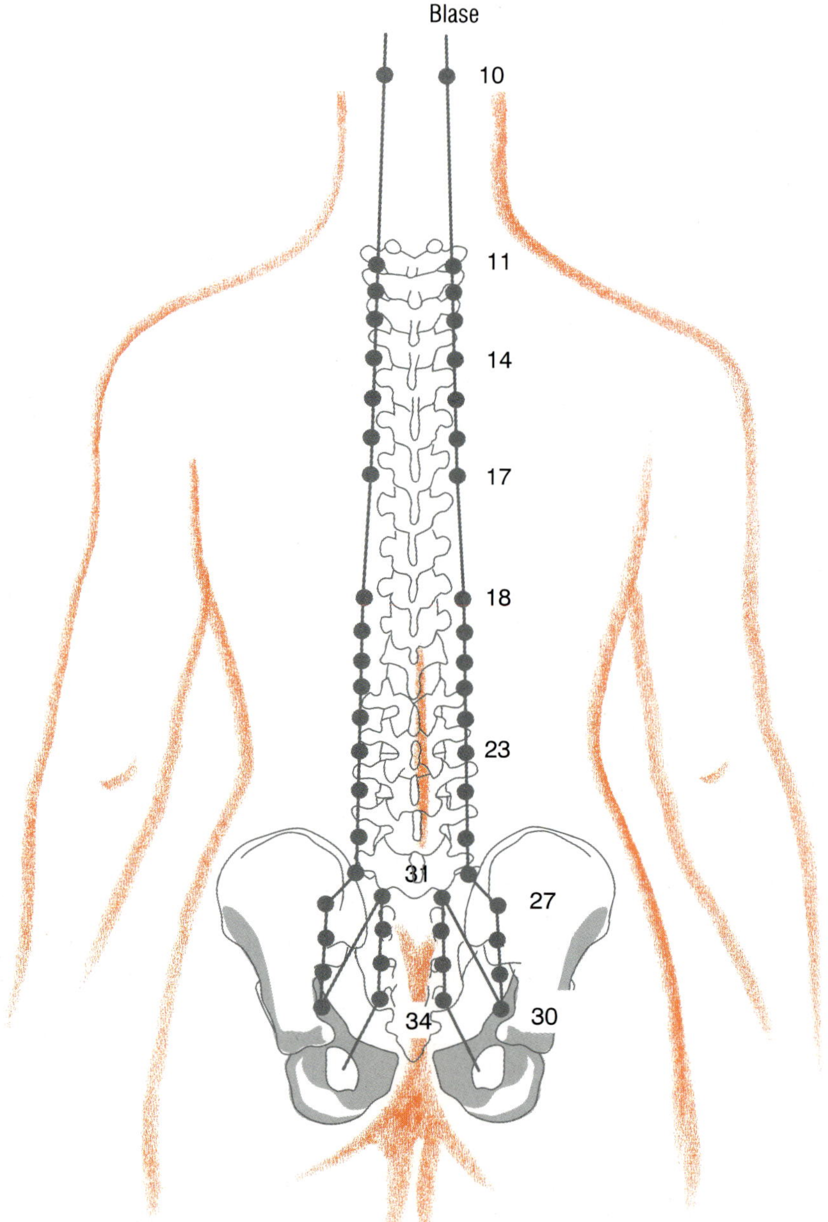

Auf dem Rücken liegen viele wichtige Akupunkturpunkte, die jeweils mit einem bestimmten Organ in Verbindung stehen.

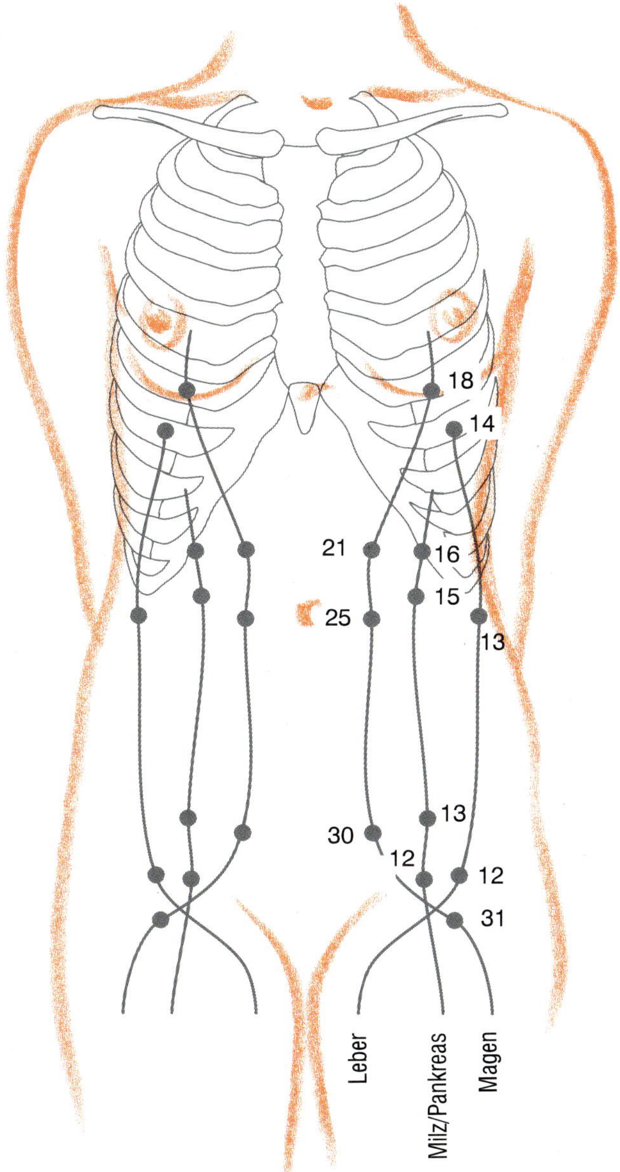

Eine behutsame Bauchmassage ist sehr angehm und wirkt positiv auf verschiedene innere Organe. Am Bauch verlaufen Leber-, Milz/Pankreas- und Magenmeridian.

6. Die Schultern kneten. Zuerst die linke mit beiden Händen, dann die rechte; vom Hals weg bis zum Schulterende. Jede 3-5x. Danach die Schultern, Arme und Beine bis über die Fingerspitzen hinab ausstreichen.

7. Stretching an den Hüften: Die rechte Hand liegt auf der rechten Seite seitlich in Hüfthöhe plaziert, die linke Hand auf der linken Seite etwas höher. Die rechte Hand zieht nach unten, die linke Hand zieht entgegengesetzt. 3–5x.

8. »Öffnen« des Rückens vom Kreuzbein ab aufwärts (s. S. 137).

9. Friktierende Massage des Kreuzbeins in 3 Bahnen vom Po weg aufwärts bis zur Taille. Insgesamt 3x.

10. Effleurage: Mit diagonal laufenden Händen den Rücken vom Po weg aufwärts ausstreichen. Neben der Wirbelsäule ansetzen und zur Seite wegstreichen. Auf jeder Seite den Massagegriff 3x ausführen.

Die Massage von Bauch und Solarplexus

Der Bauch muss sehr behutsam massiert werden, er reagiert aber insgesamt sehr gut auf Massage. Von hier aus können einige Organe positiv beeinflusst werden: Milz-, Magen- und Lebermeridian nehmen hier ihren Weg (s. Abb. S. 159).

Über den Solarplexus, ein auf der Hauptschlagader dicht unter dem Zwerchfell aufliegendes Geflecht aus Fasern des vegetativen Nervensystems können wir auf die Verdauungsorgane und die nervösen Regulatoren des Organismus Einfluss nehmen.

Ablauf der Massage

Diese Massage nicht unmittelbar nach einer Mahlzeit ausführen.

Es kommen nur die Effleuragetechnik und leicht kreisende Massagebewegungen zur Anwendung.

Wir stehen links von der Massagebank.

1. Ölmischung auftragen.
▼
2. Beide Hände für ca. 1 Minute auf den Bauch legen: Vertrauen schaffen.
▼
3. Die linke Hand liegt an der linken Hüfte, der Daumen der rechten Hand kreist im Uhrzeigersinn um den Bauchnabel. 5–7x.

4. »Öffnen« des Bauches (s. S. 137): Unterhalb des Nabels beginnen, am Brustkorb enden. 3x.
▼
5. Der Daumen der rechten Hand massiert in kleinen Kreisen eine senkrechte Linie von einem Punkt eine Handbreit unterhalb des Nabels (2. Chakra) bis unterhalb des Brustbeins (Solarplexus). Insgesamt 3x, jedes Mal unterhalb des Nabels beginnen.
▼
6. Beide Hände aufeinander legen. Kreisend, gegen den Uhrzeigersinn, den Solarplexus massieren. 5–7x.
▼
7. Beide Hände friktieren eine Bahn direkt am Brustkorb entlang, vom Brustbein abwärts. Dann die Lenden bis zum Oberschenkelansatz ausstreichen.
Den gesamten Massagegriff 3–5x ausführen.
▼
8. Abschluss: Die linke Hand auf den Solarplexus legen, die rechte Hand auf die Stelle unterhalb des Bauchnabels (2. Chakra). Ungefähr 2 Minuten liegen lassen. Hände langsam lösen.

Bezugsquellen

Ätherische Öle bester Qualität, Trägeröle, Hydrolate, Duftlampen

Primavera Life
Vertrieb und Export von
ätherischen Ölen & Kosmetik GmbH
Am Fichtenholz 5
D-87477 Sulzberg
Telefon (08376) 808-0

Rohstoffe kontrolliert biologischer Qualität

Martina Gebhardt Naturkosmetik
St.-Wendelin-Str. 3
86935 Rott
Telefon (08194) 93210

Neutrale Pflegeserien, waschaktive Substanzen

I & M Natürliche Hautpflege
Inge Stamm GmbH
Helmholtzstr. 2–9
10587 Berlin
Telefon (030) 3911091

Lavera GmbH natürliche Körperpflege
Am Weingarten 4
30974 Wennigsen
Telefon (05103) 9391–0

Logona Naturkosmetik und Heilmittel
Hans Hansel GmbH
Zur Kräuterwiese
31020 Salzhemmendorf
Telefon (05153) 80901

Lezithinpulver, Kräuterpulver (für Masken)

Schöner Kosmetik GmbH
Arcissstr. 50
80799 München
Telefon (089) 2722858

Heilerde, Tonerden, Meersalz

Duft & Kosmetik
Fred Wollner
Marienstr. 5
87448 Waltenhofen
Telefon (0831) 202188

Zubehör: Leere Gefäße, Messbecher etc.

Duft & Schönheit (Einzel- und Versandhandel)
Kosmetik zum Selbermachen
Sendlinger Str. 46
80331 München
Telefon (089) 2608259

Literatur

Arcier, Micheline: Die Wohltat der Düfte, Mosaik Verlag, München 1992

Axel, Richard: Die Entschlüsselung des Riechens. In: Spektrum der Wissenschaft, Dezember 1995, Seite 72–78

Bross, Brunhilde: Duftstoffe für Naturkosmetik. Ulmer Verlag, Stuttgart 1990

Eckstein, R.A.: Bio-Kosmetik. Linde Eckstein KG, Nürnberg 1979

Gattefossé, R.M.: Aromatherapie. In: Tisserand R. (Hrsg.), Der Klassiker der Aromatherapie. AT Verlag, Aarau 1994

Hatt, Hanns: Immer der Nase nach. Molekulare Grundlagen des Riechens. In: Symposium '96, Forum Essenzia e.V., München 10/96, Seite 6–17

Junius, Manfred M.: Praktisches Handbuch der Pflanzen-Alchimie. Ansata-Verlag, Interlaken 1982

Lawless, Julia: Die illustrierte Enzyklopädie der Aromaöle. Scherz Verlag, Bern 1996

Lowen, Alexander: Bioenergetik. Rowohlt Taschenbuch Verlag, Reinbek bei Hamburg 1988

Lowen, Alexander: Bioenergetik als Körpertherapie. Rowohlt Taschenbuch Verlag, Reinbek bei Hamburg 1993

Molcho, Samy: Körpersprache. Mosaik Verlag, München 1983

Mumford, Susan: Massage von Kopf bis Fuß, Mosaik Verlag, München 1997

Ohloff, Günther: Irdische Düfte, himmlische Lust. Eine Kulturgeschichte der Duftstoffe. Insel Verlag, Frankfurt a.M. 1996

Price, Shirley: Praktische Aromatherapie. Urania Verlags AG, Neuhausen 1988

Primavera Life GmbH: Was Sie von Primavera Life schon immer über ätherische Öle wissen wollten. Eigenverlag, Sulzberg 1998

Rätsch, Christian: Pflanzen der Liebe. Aphrodisiaka in Mythos, Geschichte und Gegenwart. AT Verlag, Aarau 1995

Riemann, Fritz: Grundformen der Angst. Reinhardt Verlag, München 1996

Schnaubelt, Kurt: Neue Aromatherapie. Hrsg. von Jean Pütz. vgs-Verlag, Köln 1995

Schuster, Gerd: Pheromone. Lockstoffe der Liebe. In: Stern Magazin Nr. 18, Hamburg 4/96 S. 16–28

Tisserand, Robert: Aromatherapie. Heilung durch Duftstoffe. Bauer Verlag, Freiburg i. Breisgau 1988

Bildquellen

Busert, Andreas
S. 13; 16; 32 u/l; 38 m/l; 39; 42; 43 o/l, m/r; 44; 46; 47 u/r; 50; 51; 52; 53 o/l; 54; 55; 56; 57; 59; 60; 61; 63; 64; 65 o/l, u/r; 66; 67 o/l, u/r; 69; 70; 73 o/r; 74 o/l, u/r; 75; 76 u/r; 77 u/l; 78 m/r; 79 o/l, u/r; 80 o/r; 81 m/l; 82 o/r; 83 o/l, m/r; 84 m/l; 85 o/l, u/r; 86 m/l; 88 o/l, m/r; 89 m/r; 91 o/l; 94 u/l

Primavera Life GmbH
S. 40 o/l; 41 o/r; 68; 71; 76 o/l; 82 m/l; 96

Reismann, Norbert
S. 8; 18; 19 m/r; 21; 27; 34; 73 m/r; 74 u/l; 77 u/r; 78 u/l; 80 u/l; 81 o/l, m/r; 83 u/l; 84 o/l, o/r; 85 u/l; 86 m/r; 91 u/r; 102; 105; 107; 115; 125; 126; 133; 136

Steiner, Claudia
S. 32 o/l, o/r, u/r; 40 m/r; 45; 47 o/l; 48; 49; 53 u/r; 58; 62; 78 o/l; 89 o/l; 90

Wieskiettel, Elisabeth:
S. VI; 10; 12; 15; 19; 25; 31

Hüsgen, Wiebke
S. VII; X; 2; 3; 7; 8; 9; 29; 38; 72; 87; 94; 97; 109; 123; 130; 134

Stichworte

T

Z

V

W

Y

Z